감정은 상처가 아니다

감정은
상처가
아니다

나를 치유하고 우리를 회복시키는
관계의 심리학

옷따 지음

웅진 지식하우스

혼자 있어도, 함께 있어도
괜찮은 사람

제가 상담 현장에서, 또 메일이나 댓글을 통해서 가장 많이 듣는 고민은 다름 아닌 대인 관계에 대한 어려움입니다. 인간은 사회적 동물이라는 말이 여지없이 증명되는 순간들이죠. 나는 사람 필요 없고 혼자서도 잘 산다고 말하는 사람도 결국 사회적 동물입니다. 사람에게 영향을 받고 있으니 혼자가 편한 거거든요. 인간이 만약 아무도 없이 혼자였다면 불행할 것도 없지만 행복할 것도 없고, 도태될 것도 없지만 발전할 일도 없습니다. 그렇다고 함께여서 행복하고 발전하던가요? 또 그렇지도 않은 것 같아요. 더 힘들기만 하죠. 혼자는 외롭고 함께하면 힘들어요. 그러면 인생의 모든 순간이 외롭거나 아니면 괴롭거나 둘 중 하나라는 것인데, 이건 뭔가 잘못되지 않았나요?

진짜로 혼자서도 괜찮은 사람은 함께여도 괜찮고, 진짜로 함께여도 괜찮은 사람은 혼자일 때도 괜찮습니다. 결국 내가 괜찮은 상태면 누가 있든지 없든지 다 괜찮다는 말입니다. 관계의 문제를 포함한 여러 가지 심리적 문제는 대부분 내 마음이 안 괜찮기 때문에 일어납니다.

그러면 질문이 생깁니다. "아니, 그럼 진짜로 괜찮기만 한 사람이 있단 말이에요? 정말로 이런 고민을 안 하고 사는 사람이 있나요?" 이것도 제가 참 많이 받는 질문입니다. 정도의 차이는 있겠지만 저는 인간이라면 누구나 타인으로 인해, 또 자기 자신으로 인해 괴로워하고 고민하는 존재라고 생각해요. 괜찮기만 한 사람은 없다는 것이죠. 그러나 점점 타인과 자신이 편안해지고 그 관계가 나아지는 사람은 있습니다.

어떤 사람이 점점 나아지는 사람일까요?

1. 아픈 사람

2. 자기를 아는 사람

3. 그런 자기를 받아들이는 사람

4. 더 나은 방향으로 변화하는 사람

가장 먼저는 많이 아파본 사람일 거예요. 무너져본 사람, 제정신이 아니었던 사람, 삶이 너무 버거웠던 사람, 자신의 존재에 대한 회의와 절망으로 얼룩져본 사람은 희망이 있습니다. 그 아픔은 지금까지 뭔가 잘못되었다고 내가 나에게 알려주는 신호거든요. 나의 무의식이 나의 의식에게 보내는 아주 중요한 메시지입니다. 내가 지금 정말 힘들고 아프다는 건 이제껏 긴 시간 동안 나를 편안하게 해주지 못했다는 것을 의미합니다. 무의식이 보내는 그 신호를 내 의식에서 받으면 우울증, 공황, 강박, 불면, 식이장애, 중독, 무기력, 번아웃, 분노, 몸이 자꾸 아픈 신체화 등과 같은 고통스러운 증상들로 나타납니다.

이러한 위기는 기회가 됩니다. 이제는 다르게 살아봐야 한다는 메시지를 받은 것이니까요. 한도 끝도 없이 절망을 하고 아파하다 보면 어느새 그렇게 힘들게는 살고 싶지 않아집니다. 그래서 정신과에 가보고, 심리상담도 받아보고, 책도 보면서 자신의 지난날들을 돌아보고 원인을 찾아보려 합니다. 그렇게 자신의 기질이나 성격, 역사와 상처들을 되돌아보며 자신을 이해하기 시작합니다.

그러면서 점점 자신을 미워하고 내치는 태도를 버리고 이해하고 받아들이는 쪽을 선택합니다. 우리가 어떤 재수 없는 사람을 초면에 아무 이해 없이 보면 마냥 재수가 없는데요. 그 사람이 살아온 이야기를 쭉 들어보면 왜 저 사람이 이렇게 재수 없는 성격을 갖게 됐는지 이해가 되고 심지어는 안쓰럽기까지 해요. 그러면 그게 그렇게 밉지가 않거든요. 그렇게 자신을 이해하면 그만큼 자신을 받아들이게 돼요.

그리고 받아들이면 비로소 변화할 수 있는 용기와 의욕이 생기게 됩니다. 자신에 대한 이해와 수용 없이 학습으로만 배워서 사회생활 기술을 습득하려고 하면 얼마 가지 못하고 행복하지도 않습니다. 그러나 자신을 충분히 받아들이고 나면 그 이후의 변화는 노력 없이도 어느 정도 자연스럽게 이루어지고, 노력이 필요한 부분도 그렇게 스트레스받지 않고 해나갈 수 있습니다.

그렇게 해서 안 괜찮은 인간 하나가 점점 괜찮은 인간으로 변화하게 됩니다. 삶의 습관이나 대인 관계 패턴이나 성격이 이전보다 적응하기 쉽게 바뀝니다. 좋은 성격, 나쁜 성격, 이런 건 없어요. 각자 다른 거죠. 다만 각자 다른 우리가 서로의 안에서 어떻게 적응해 나가느냐의 문제입니다. 괜찮은 사람이란 적응적인 인간이 되었다는 것이죠. 그렇게 더 이상 나 자신으로 인해 힘들지 않고, 타인으로 인해 괴롭지 않은 내가 됩니다.

저 또한 그런 사람 중에 하나입니다.

　제가 지난 책의 에필로그에서 고백했듯이 저는 아픈 사람에서 깊은 사람이 되었습니다. 그러고 나니 세상이 전쟁터에서 놀이터가 되었습니다. 타인을 보며 혼자 오해하고 짐작하는 소설을 쓰다가 이제는 편안하게 웃고 떠드는 유머집을 씁니다. 중압감이나 불편감이 기대와 재미로 바뀌었습니다. 그렇다고 해서 이전의 저를 전혀 열등했다고 생각하지는 않아요. 우울한 순간이 없었다면 지금의 저는 없었을 겁니다. 전쟁터를 살아봤으니 놀이터가 된 거고, 소설을 써봤으니 유머집도 쓰는 거죠.

　인생의 모든 순간은 필요해서 찾아온 것이고 버릴 것이 없습니다. '그때 그 사건, 그 상황, 그 사람이 내 인생에 없었으면 얼마나 좋았을까' 하는 억울함과 후회로 힘든 시기를 보내고 있다면 이 사실을 꼭 기억하면 좋겠어요. 지구가 잘 순환하기 위해서 지진이나 해일이 불가피하고 반드시 일어나야 하는 것처럼 우리 인생도 성장하고 행복하기 위해서는 몇 차례의 지진과 해일이 일어나야 합니다. 그게 지금이라면 불행이 아니라 행운이죠. 내일보다 오늘이 더 젊잖아요.

　제정신이 아니었던 시기가 있어야 내 마음이 보내는 신호를 알아차리고 비로소 제정신을 찾기 시작합니다. 그러면 세상이 달라지고 관계가 달라집니다. 아니 사실은 세상은 그대로인데 내가 달라진 것이죠. 내가 달라지면 모든 것이 달라집니다. 그 밥에 그 나물인데 먹는 사람이 바뀌면 더 이상 그 밥에 그 나물이 아니니까요.

이 책은 여러분이 처한 지금의 고민과 위기가 기회로 바뀔 수 있도록 도움을 드리는 책입니다. 자신에 대한 이해를 돕고, 자신을 받아들이도록 반복적으로 응원하며, 마침내 어떤 방향으로 변화해야 할지 안내해드리는 책입니다. 그런데 그냥 참고만 하세요. 책 좀 썼다고 해서 제가 옳다는 건 아니니까요. 누구의 말이든 항상 그냥 참고만 하세요. 여러분 인생에는 여러분 자신의 생각이 가장 정답에 가깝습니다. 이 책을 다 읽고 나면 제가 왜 이런 말을 했는지 이해가 되실 거예요.

그럼 이제 저와 함께 혼자서도 괜찮고 함께여도 괜찮은 사람이 되기 위한 첫 장을 열어보시죠.

•목차•

프롤로그 혼자 있어도, 함께 있어도 괜찮은 사람　　　　　　4

1부　타인으로부터 '나'를 지키는 감정의 경계선

01. 내가 예민한 걸까요, 다른 사람들이 너무한 걸까요?　　　15

02. 보란 듯이 잘 살고 싶은데 그게 안 돼 괴로워요　　　27

03. 항상 맞춰주고 끌려다니는 내 모습에 지칩니다　　　36

04. 누군가와 가까워지면 어색하고 불편해요　　　46

2부　나의 행동과 우리의 관계를 변화시키는
　　　감정 사용법

05. 부정적인 생각이 끊이지 않아요　　　57

06. 죽고 싶지는 않지만, 살고 싶지도 않아요　　　68

07. 사람들을 만나면 긴장되고 위축돼요　　　82

08. 사소한 일에도 스트레스를 많이 받아요　　　93

09. 한번 화가 나면 참기가 힘듭니다　　　105

3부   감정이 상처가 되기 전에

10. 나 외에는 아무도 믿을 수 없어요   121

11. 스스로를 못났다고 생각하는 내가 싫어요   136

12. 그의 이별 선언을 도저히 받아들일 수 없어요   147

13. 나 때문에 힘들다는 그 사람, 정말 내가 문제일까요?   159

4부   자연스럽게 풀리는 인간관계의 비밀

14. 단점을 고치지 않고 자존감을 키우는 법   175

15. 부정적 사고를 멈추는 '생각 바꾸기 연습'   184

16. 부정적인 자아상을 극복하는 편안한 대화의 기술   197

17. 내 안의 내향성과 외향성 끌어안기   212

18. 다치지 않고 편안하게 감정을 표현하는 법   224

5부   나 자신과의 건강한 관계 다시 맺기

19. 내 안의 수치심과 죄책감 닦아내기   239

20. 자기 비하와 자기 비난에서 벗어나는 법   253

21. 있는 그대로의 나를 이해하고 용서한다는 것   266

1부

타인으로부터 '나'를 지키는
감정의 경계선

타인의 말이나 표정, 행동에 굉장히 영향을 많이 받는 사람이 있습니다. 그러면 칭찬을 받기 위해 애쓰고 비난이나 지적을 듣지 않기 위해 더 많이 노력하며 살아가겠죠. 너무나 쉽게 소진될 거예요. 더 최악의 경우는 그렇게 애를 썼는데도 기대했던 칭찬이 돌아오지 않을 때, 걱정했던 비난과 지적을 결국 받게 됐을 때입니다. 그럴 때는 멘탈이 무너집니다. 그 무너짐은 자신을 자책하거나 타인을 공격하는 형태로 나타나기도 하죠.

누구나 칭찬을 좋아하고 비난을 싫어하지 않느냐고요? 그렇죠. 그러나 정도의 차이가 있습니다. 비난이나 지적을 들으면 한 번쯤 자신을 돌아보거나 조용히 몇 분 생각해보는 사람이 있는가 하면, 신경이 쓰여서 잠도 못 자고 그 사람을 다시 보기도 두려운 지경에 이르는 사람이 있습니다. 내 감정의 주체성을 내가 가지고 있느냐 타인이 가지고 있느냐의 차이입니다. 또 나를 타인으로부터 지켜낼 수 있는 건강하고 적당한 경계선을 가지고 있느냐의 차이입니다. 1부에서는 이렇게 타인에게 휘둘려서 상처를 받는 분들께 어떻게 자신을 지킬 수 있는지 말씀드릴게요.

01

내가 예민한 걸까요,
다른 사람들이
너무한 걸까요?

"선생님, 제가 예민한 건가요?"

상담실 문을 열고 들어온 미현 씨는 물부터 찾았습니다. 그러더니 손으로 부채질을 하며 답답한 듯한 표정으로 이렇게 물었죠.

"동료들과 대화하다 보면 외모, 성격, 능력, 스펙 다 평가받는 것 같아서 기분 나쁘고 신경 쓰여요. 제발 저 혼자 일만 하다 집에 가고 싶다니까요. 점심도 매일 혼자 먹고 싶을 지경이에요. 저 어떡하죠?"

20대 후반의 미현 씨는 직장에서 동료들이 무심코 던지는 말들에 상처받고 있었습니다. 어떤 말이 제일 신경 쓰이냐는 저의 물음에 미현 씨는 이렇게 답했죠.

"어제는 누가 제 옷을 보고 용기가 대단하다면서 회사원 복장은 아닌 것 같다고 하더라고요. 또 어떤 사람은 점심시간에 제가 고르는 메뉴가 너무 '헤비하다'며 건강 생각해서 몸매 관리 좀 하라고 참견이고요. 그런 말을 들으니 짜증이 나서 몇 번 받아쳤더니 저에게 예민하다고 하네요. 제가 예민한가요? 자존감이 낮아서 발끈하는 건가요?"

사회생활을 하다 보면 알게 모르게 참 많은 평가를 받게 됩니다. 내가 먹겠다고 고른 메뉴를 두고도 평가를 받아야 하니 너무 피곤하죠. 분명 내 귀에 거슬리는데도 딱히 뭐라고 반박할 수 없어서 더 문제입니다. 하나하나 따지고 들면 '생각해서 하는 말인데 뭐 그리 예민하게 구느냐'는 반응이 돌아오니까요. 도대체 왜들 그러는 걸까요? 그리고 나는 이런저런 평가 사이에서 어떻게 하면 다치지 않고 마음이 편안해질 수 있을까요?

'다 너를 생각해서…'라는
오지랖에 숨은 함정

먼저 온갖 오지랖 앞에 자주 붙는 말, "다 너를 생각해서 하는 말이야"부터 가만히 들여다보죠. 그런 말을 꼭 앞에 붙이며 타인을 평가하려 드는 사람들이 있습니다. 그들은 이렇게 말합니다.

"네가 조금 더 사회생활을 잘했으면 해서…."
"네가 조금 더 사랑받았으면 싶어서…."
"네가 더 성공했으면 해서…."

이건 사실 '가스라이팅'을 친절하게 할 때 자주 붙는 말입니다. 날 위한 게 무엇인지를 왜 상대방이 판단하고 알려주나요? 애초부터 주체가 다른데 그들은 자신이 옳다는 전제 아래 조언을 하고 그들의 생각을 주입하려 합니다. 속지 마세요. 어쩌면 나를 통제하고 싶은 욕구에서 비롯된 말일 수 있거든요. 통제 욕구가 강한 사람들은 자기 기준에서 벗어나는 이들에게 평가하고, 지적하고, 잔소리를 하며 고쳐주려는 오지랖을 부리죠.

　제가 이런 말을 하면 가끔 혼란스러워하는 분들이 있더라고요. 그 사람들은 평소에 자신에게 친절하게 대해주고 여러 가지를 베풀어주던 이들이라는 거죠. 그런데 원래 통제 욕구가 강한 사람은 친절하고 상냥하기도 해요. 잘 베풀고 상대방을 위한 희생도 서슴지 않습니다. 그래서 더 그들의 평가에 민감하게 반응하게 되는지도 몰라요. '나를 생각해서 해주는 말'이라고 받아들이게 되니까요. 저는 미현 씨에게 이렇게 말했습니다.

　"속상했겠어요. 진짜로 상대방을 사랑하고 아낀다면 그 사람을 있는 그대로 인정해 주고 수용해야 해요. 자기 기준에 따라 바꾸려 들면 곤란하죠."

　자꾸 오지랖을 부리는 사람에게는 선을 넘지 못하게 할 필요가 있습니다. "날 생각해서 이야기해 주는 건 고마워요. 하지만 우리의 기준은 좀 다른 것 같으니, 내가 스스로 필요하다는 생각이 들 때 당신의 말을 참고할게요" 하고 상대방에게 무안을 주지 않으면서 나의 독립성을 어필하는 것이죠.

내가 예민한 게 아니라
나를 지적하는 그가 예민한 거예요

사실 내가 예민한 게 아니라 상대방이 예민한 것일지도 몰라요. 약간의 공격성이 있는 데다가 기질이 예민한 사람은 스트레스를 받으면 바깥으로 표출이 되기도 하거든요. 주로 '아래'로 표출돼요. 나보다 약한 사람, 어린 사람, 아랫사람에게 화살이 간다는 말이에요.

그러니 엄청나게 큰 실수나 잘못을 하지 않았는데도 누군가 날 지적하고 평가하려 든다면, 그 사람이 다른 곳에서 스트레스를 받아서일 수도 있습니다. 고래 싸움에 새우 등 터지는 격으로 나에게 불똥이 튄 거예요. 내가 정말 잘못했고 못난 사람이라 그러는 게 아닙니다.

'부장님 오늘 부부싸움 하고 나오셨나 보다…'
'저 친구, 어제 과음하더니 오늘 엄청 피곤한가 보네.'
'선배가 시험을 좀 망쳤나 본데?'

이렇게 흘려버리세요. 그 사람의 부정적인 감정은 그 사람의 것으로 돌려주고, 잠시 물리적 거리를 두는 편이 좋습니다. 말을 섞지 않고 거리를 두는 게 가장 좋고요. 그럴 수 없는 상황이라면 최대한 다른 일을 하면서 정서적 접촉을 피해야 해요. 일단 그 사람의 스트레스가 사라지고 평온한 상태가 되면 그때 다시 이야기해 볼 수도 있겠죠. 이런 방식으로 날카로운 상대방으로부터 나를 지켜내야 합니다.

그 사람의 콤플렉스는
그 사람에게 돌려주세요

이번에는 아무렇지도 않게 나에게 부정적인 평가를 건네는 사람의 심리를 조금 더 깊이 파고들어 볼까요? 어쩌면 그 사람의 콤플렉스가 문제일 수도 있습니다. 아무에게나 내 바지가 거슬리지 않고, 아무에게나 내 몸매가 거슬리지 않아요. 아무에게나 내 성격이 문제가 되지도 않습니다. 내 어떤 점이 상대방에게 유독 거슬리는 이유는 나의 어떠한 특성과 그 사람의 '콤플렉스'가 만났기 때문일 수 있어요. 미현 씨에게 자꾸 바지 이야기를 하고 몸매를 지적하는 사람의 심리를 들여다보면, 그 사람에게 사실은 '몸매'가 콤플렉스였을 수도 있다는 말이에요.

'아, 저 사람은 몸매가 콤플렉스구나.'
'저 사람은 패션을 엄청 중요하게 생각하네.'
'저 사람은 살이 찔까 봐 걱정하는구나.'

콤플렉스가 없는 사람은 타인을 볼 때 그렇게 평가하지 않습니다. 타인의 독립성을 수용하고 인정할 여유가 있기 때문이죠. 이렇게 그 사람의 문제는 그 사람에게 돌려주는 게 어떨까요? 그 사람의 열등감과 콤플렉스를 내 것으로 가져오지 마세요. 주인 찾아가야죠. 나에게 날카롭게 다가온 그 평가는 사실 그 사람 겁니다.

일상적인 대화에도
자꾸 마음이 아픈 이유

미현 씨는 이런저런 속이야기를 털어놓으며 평온해졌어요. '어떤 경우에는 상대방의 콤플렉스가 문제가 된다'는 저의 말에 고개를 끄덕였죠.

저는 미현 씨에게 타인과의 대화에 너무 많은 의미를 부여하지 않으려고 노력할 필요도 있다고 덧붙였어요. 사실 타인과 나 사이에 오고 가는 수많은 대화에는 큰 의미가 없는 경우가 많거든요. 상대방이 한 말이 나를 질투하거나 비난하려는 의도로 던진 말이 아닐 수도 있어요. 심심한 인사말이나 가벼운 대화거리로 꺼낸 말일 수도 있죠. 그저 일상적인 대화일 뿐이라고 넘겨버리면 마음이 편합니다.

그런데 분명 가벼운 평가인데도 내 마음이 아프다고요? 그럴 때는 오히려 나에게 과거에 그 평가와 관련된 어떤 상처나 트라우마가 있었던 것은 아닌지 한번 생각해 봅시다. 예를 들어, '성격이 참 조용하다'는 가벼운 평가에 내 마음이 찔리는 듯한 기분이 든다면, 예전에 내 조용한 성격 때문에 상처받은 적이 있는지 떠올려보는 거예요. 이때는 내 상처를 먼저 치료하고 과거와 현재를 분리하는 것이 우선입니다. 혹은 나의 컨디션이 좋지 않거나 스트레스를 받았을 때도 타인의 평가가 더욱 아프게 다가올 수 있죠.

'아, 나에게 이런 상처가 있었구나….'
'내가 지금 컨디션이 좋지 않구나.'
'낮에 신경 쓰이는 일이 있어서 예민해져 있었구나.'

이렇게 자신의 상태를 체크해 본다면 여기저기서 날아드는 평가로부터 나의 마음을 더욱 단단히 지켜낼 수 있을 거예요.

아무도 나를 마음대로 정의 내릴 수 없어요

사회생활을 하다 보면 이런저런 평가로부터 자유로울 수 없습니다. 내가 평가를 받기도 하고, 나도 모르게 남을 평가하기도 해요. 늘 좋기만 한 대화는 없으니까요. 그럼에도 타인과 계속해서 대화를 하는 이유는 계속해서 소통하고 서로를 알아가고 싶기 때문이겠죠. 그런 의미에서 대화는 매우 소중합니다. 타인을 알 수 있게 해주는 것은 물론이고, 서로 간의 대화를 통해 '나'에 대해 알아갈 수도 있으니까요.

하지만 타인과의 대화에서 늘 상처받는다면 해결책이 반드시 필요합니다. 상대방의 평가는 상대방의 속에서 나온 것이므로 모두 다 내가 '꿀꺽' 삼킬 필요가 없음을 기억하세요. 사람은 죽을 때까지 자기 자신을 다 알지 못해요. 그저 순간의 나를 알아갈 뿐입니다. 나도 나를 모르는데, 내 앞에 있는 사람이 내뱉는 나를 향한 평가들이 얼마나 나를 설명해 줄 수 있을까요? 수많은 평가로부터 당신을 지켜내세요. 아무도 당신을 함부로 정의 내릴 수 없습니다.

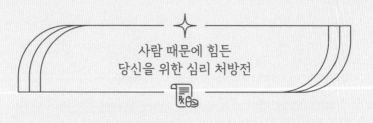

사람 때문에 힘든
당신을 위한 심리 처방전

타인의 평가에 상처받을 때는 다음을 꼭 기억하세요.

1. '다 너를 생각해서 하는 말'이라는 오지랖에 말려들지 마세요.

2. 내가 예민한 게 아니라 나에게 부정적인 평가를 하는 상대방이 예민한 거예요.

3. 상대방이 자신의 콤플렉스 때문에 나를 지적하는 것일 수도 있어요.

4. 가벼운 평가에도 자꾸 마음이 아프다면 내 마음속 깊이 숨은 콤플렉스나 트라우마가 문제일 수도 있습니다.

타인의 평가는 타인의 것으로 돌려주세요.
아무도 당신을 함부로 정의 내릴 수 없습니다.

02

보란 듯이 잘 살고 싶은데
그게 안 돼 괴로워요

선우 씨는 상담 시간에 약간 상기되고 화가 난 목소리로 말했습니다.

"제 친구들은 학창 시절에 다 저보다 공부 못했어요. 그런데 지금 걔네들은 다 저보다 잘됐어요. 사업도 잘되고 공무원 시험도 붙고 대기업도 다녀요. 단톡방에서 그런 잘나가는 애들 위주로 대화가 흘러가고 제 의견은 무시되는 것 같아서 너무 짜증 나요. 저 꼭 잘돼서 걔네들한테 보란 듯이 내세우고 싶은데 이제는 도전하기도 힘들고 공부도 안 되고 자신감도 없어요."

"선우 씨 마음이 조급하고 힘들었겠어요. 보란 듯이 잘되고 싶다고 했는데 그럼 어떤 일을 하고 싶은 거예요?"

"그런 건 없어요. 그냥 딱 보기에 멋있어 보이고 누가 봐도 성공했다 할 수 있는 그런 걸 하고 싶어요."

"음… 저는 선우 씨 인생의 주인공이 선우 씨가 아니라 혹시 그 친구들인 걸까 하는 생각이 들어서 마음이 아픈데요. 어떠세요?"

"저도 이게 건강하지 않다는 건 알지만 그래도 저는 친구들보다 더 잘되는 게 너무 중요해요. 그래야 제가 당당하게 사회에 나갈 수 있으니까요."

아무리 뛰어나도
늘 인정받을 수는 없어요

지나치게 타인과 비교하고 질투를 한다는 건 열등감이 있
다는 거겠죠. 나의 행복을 내 안에서 정하는 게 아니라 타인과
비교해서 결정짓고 있는 거예요. 그러면 언제나 타인과 싸우
면서 살아가야 해요. '나는 지금 이것이 하고 싶다'가 아니라
'나는 우월해지고 싶다', '나는 어떤 사람이 되고 싶다'가 아니
라 '나는 그 사람보다는 잘되고 싶다'는 마음으로 인생을 살게
되죠.

그 마음속은 어떨까요? 선우 씨는 그 이야기를 할 때 화가
나 보였어요. 누구에게 화가 난 건지는 모르겠지만요. 열등감
과 질투를 느끼는 사람은 마음 깊이 분노와 적대감이 차 있어

요. 그런데 겉으로는 오히려 친절하게 웃고 리액션도 좋고 칭찬도 잘하고 선물도 잘할 거예요. 그것도 인정 욕구에서 비롯된 거죠. 그러니 그 인간관계가 얼마나 피곤해요. 상대방 얼굴에 여드름이라도 올라오면 속으로는 '아이고 잘됐다 더 커져라, 흉터 남아라' 하면서 겉으로는 위하는 척하잖아요. 혹은 상대방 생일 때 열심히 축하하고 선물하지만 인스타에 올라온 생일 선물 자랑 피드를 보면 그렇게 배알이 꼴리잖아요.

이처럼 대인 관계에 온통 포장과 가식이 씌워지면 사람 만나기가 너무 피곤하고 타인과 진실한 교감을 나누기가 어려워요. 이런 사람은 겉보기에 굉장히 독립적인 것처럼 보이지만 사실은 매우 의존적일 수 있어요. '어서 나를 칭찬해! 어서 나를 좋은 사람이라고 생각해!'라는 마음으로 타인의 인정과 관심, 칭찬에 의지해서 살아가는 거죠. 이들에게 타인의 인정은 거의 생존 방식이에요. 나를 살게 하는 원동력이자 자존감과 정체성을 느끼게 하는 필수 수단인 거죠. 그러니 타인의 평가에 매우 민감하고 그만큼 상처도 쉽게 받아요. 아무리 잘났어도 늘 인정받을 수는 없거든요.

선우 씨는 상담을 받으면서 자신의 스펙이나 능력이 부족하다고 고통을 호소했지만 제 눈에는 그저 외로워 보였어요.

"내가 잘나가야 사회에서 당당하고, 무리 안에서도 인싸로 자신감 있게 낄 수 있어요"라는 말이 제 귀에는 "나는 쉽게 흔들리지 않고 싶고, 안정적인 소속감을 느끼고 싶어요"라는 말로 들렸거든요. 실제로 선우 씨는 마음 편한 친구 하나가 없다는 말을 자주 하고는 했죠.

있는 그대로 충분히
의미 있는 존재가 되세요

여러 학자에 따르면, 열등감은 내가 열등하다는 사실 자체가 아니라 '내가 열등하면 상대방에게 받아들여질 수 없다'는 신념이 진짜 원인이에요.

어렸을 때부터 부모로부터 충분한 사랑과 관심을 받지 못했고, 가정 안에서 안정적인 소속감을 느끼지 못했다면 있는 그대로의 내 모습으로 사랑받을 수 없다는 역기능적인 신념을 갖게 돼요. 그러니 사실 열등감은 실제로 열등하냐 우월하냐와는 상관이 없어요. 정서적인 욕구가 채워지지 않은 게 열등감의 진짜 문제예요.

그래서 열등감을 극복하려면 자기를 우월하게 만들어가는 게 아니라 오히려 자신의 모습을 있는 그대로 받아들이고 진실한 대인 관계를 쌓아가야 해요. 열등감이 있는 사람은 누군가와 진정으로 교감한 경험이 부족하기 때문에 내가 잘났든 못났든 있는 그대로 수용될 수 있다는 믿음이 없어요. 그래서 더욱 스펙과 조건에 집착하고 몰두하죠. 사실은 사랑받고 싶고 안정된 소속감을 느끼고 싶은 건데, 그저 내가 우월해져서 열등감을 극복하겠다는 생각은 밑 빠진 독에 물 붓기, 끝이 없는 굴레에 빠지는 것과 같아요. 열등감과 우월감은 동전의 양면과 같아서 피나는 노력으로 우월해져도 저 깊은 곳에서는 열등감을 느껴요. 조건으로 승부를 보겠다는 것도 결국은 타인과 비교해서 내 행복을 찾으려는 거잖아요.

내가 잘나야만 날 사랑해 주는 사람과는 어차피 오래갈 수 없어요. 상대방도 열등감이 심한 거예요. 그건 그 사람의 문제지 내가 열등한 게 문제가 아닙니다. 진정한 교감, 진정한 관계란 내 성격이 어떻든, 능력이 어떻든, 생김새가 어떻든 그대로 상대방에게 받아들여지는 것, 있는 그대로 충분히 의미 있는 존재가 되는 것입니다.

관심을 기다리지 말고
먼저 한 걸음 다가가세요

그러려면 내가 먼저 상대방에게 진심으로 관심을 가져야 합니다. 나에게 관심 주기를 바라지만 말고 내가 먼저 관심을 갖고 진심을 다하면 다소 시간이 걸리더라도 언젠가는 진심이 통해요.

우리는 곁에 편안한 사람을 두고 싶어 하지 잘난 사람을 두고 싶어 하지 않아요. 잘난 사람을 두고 싶어 한다면 그건 상대를 이용하려는 마음 혹은 인맥을 자랑하려는 마음 때문일 수 있어요. 그러니 누군가에게 잘난 사람이 되기 위해서, 인정받기 위해서 다가가지 말고 나 자체로 다가가야 합니다. '어떻게 보일까' 하는 자의식을 내려놓고 그저 진실하게요. 잘 못하겠으면 못하겠는 그대로를 인정하면서 솔직하게요.

"내가 너에게 잘 보이려고 가면 쓰지 않고, 있는 그대로 진실하고 싶은데 아직 숙달이 안 돼서 그런지 좀 삐걱거리네."

이런 게 진실함이고 진짜 교감이죠. 마음에도 없는 사탕발림을 하는 것보다도요.

그리고 상대방에게 내가 있는 그대로도 충분한 의미가 되기 위해서는, 먼저 내가 나를 그렇게 생각할 수 있어야 합니다. 타인에 의한 내가 아닌, 진짜 '나'로 살아야 합니다. 돈이나 직업과 같은 조건들로 나를 치장하는 게 아니라 진짜 내 안에서 끓어오르는 나 자신에 대한 가치감으로 나를 채워야 해요.

그러려면 가장 먼저 자신의 열등감을 인정해야 해요. '그래 난 열등감이 있어서 자꾸만 비교를 해. 인정과 사랑에 목마른 사람이야' 하고 그 모습도 받아들이는 거예요. 무의식 깊숙이 숨어 있던 열등감과 결핍을 의식으로 끌어올리는 겁니다. 그것만으로도 훨씬 더 진실한 사람이 될 수 있어요.

끝으로, 제가 선우 씨에게 했던 말을 여러분에게도 하고 싶어요.

"그 친구들과 같은 레이스를 달리는 게 아니라 각자 자기만의 레이스를 달리는 건데 순위라는 게 있을까요? 서로 다른 종목의 경주를 하고 있잖아요. 다른 사람, 다른 인생이잖아요. 사실 경주라는 말도 적절하지 않죠. 선우 씨의 인생은 달리다가 끝날 경주가 아니니까요."

우리는 경주마가 아니라 인간이에요. 우리의 삶은 경쟁보다 훨씬 더 숭고한 가치가 있고, 우리의 존재는 이미 누군가와 비교할 수 없는 충분한 가치가 있답니다.

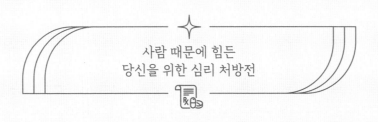

사람 때문에 힘든
당신을 위한 심리 처방전

열등감 때문에 힘들 때는 다음을 꼭 기억하세요.

1. 타인과 비교해서 내 안의 행복을 결정짓지 마세요.

2. 아무리 뛰어나도 늘 인정받을 수는 없습니다.

3. 진정한 관계란 있는 그대로 상대방에게 받아들여지는 거예요.

4. '어떻게 보일까' 걱정하기보다 솔직하게 상대에게 다가가세요.

우리는 경주마가 아니라 인간이에요.

우리는 이미 있는 그대로 충분히 의미 있는 존재입니다.

03

항상 맞춰주고
끌려다니는
내 모습에 지칩니다

진영 씨는 착하고 배려심 많고 순응적인 사람이었어요. 자기가 누군가를 이끌기보다는 자신을 이끌어주는 사람을 더 좋아하고 동경했어요. 그래서 주로 그런 상대를 만나 연애를 했는데 연애할 때마다 늘 상처를 받고 헤어졌어요. 진영 씨는 상담 시간에 말했어요.

"제가 예전에 연애했던 상대들은 모두 다 성격이 세고 강한 사람이었어요. 제가 너무 상처를 받아서 다시는 그런 사람을 만나지 않을 거라고 다짐하고 새로운 사람을 만나 결혼했는데 여전히 저는 끌려다니기만 하고 상대방은 저를 배려하지 않아요."

진영 씨가 어찌나 끌려다니는지 결혼식, 신혼여행, 신혼집, 살림, 육아까지 모두 배우자에게 맞추느라 자신의 삶을 잃어버렸더라고요. 진영 씨는 결혼을 후회하면서 너무나 깊은 우울감에 빠져 있었어요. 무엇이 문제였을까요? 진영 씨가 이혼을 하면 무엇이 달라질까요? 다음에 누군가를 또 만난다면 과연 반대의 사람을 만날 수 있을까요?

왜 내 주변에는
나를 힘들게 하는 사람들만 있을까요?

대인 관계에서 항상 당하기만 하는 사람이 있어요. 혹은 당하는 건 아니지만 늘 남을 도와주는 사람이 있어요. 그 사람들은 '왜 내 인생에는 항상 나를 힘들게 하는 사람들만 꼬일까?' 하는 생각을 하죠.

우리가 드라마를 보면 배우들이 맡은 역할이 있잖아요. 우리의 인생에도 내가 맡은 역할이 있다는 '드라마 삼각형' 이론이 있어요. 희생자 역할을 맡은 사람은 어디 가든 항상 당하고 혼나는 역할을 해요. 거기서 벗어날 생각을 하지 못해요. 자기는 빠져나오려고, 혹은 그 관계를 개선해 보려고 노력한다지만 사실 그 노력은 결정타가 될 수 없다는 걸 알아서, 최소한

의 노력만 해요.

그래서 알코올의존자인 배우자나 자기애성 성격장애를 지닌 배우자, 폭력을 휘두르는 배우자로부터 스스로 벗어나지 않는 경우도 꽤 많고요. 나를 이용해 먹는다는 걸 알면서도 그 관계를 끊지 못하는 거죠. 누가 그렇게 하는 거죠? 내가 그러는 거예요. 인간은 외로움보다 괴로움이 차라리 낫다고 해요. 그 사람과의 관계가 끊어지는 것보다 나 혼자가 되는 게 더 두려운 거예요. 그러니 너무 괴로워서 빠져나오려고 해도 결정적인 순간에는 나오지 못합니다.

이 사람들은 희생자 역할을 하면서 "그래도 네 옆엔 나밖에 없잖아" 이런 존재감, "그래도 나 정도 되니까 네 옆에 있는 거야" 이런 우월감, 아니면 "여러분 나를 좀 보세요. 나는 이렇게 불쌍하고 가엾은 사람이랍니다" 이런 동정심 유발, 그런 데서 얻어지는 따뜻한 시선과 관심으로 살아왔던 거예요.

또 한편으로 아주 어려서부터 양육자에게 학대를 당해온 사람은 그 학대가 사랑으로 인식되어 있을 수 있어요. 아이는 부모의 행동이 사랑인지 학대인지 잘 구분하지 못하거든요. 그렇게 자란 아이는 커서도 나를 함부로 대하거나 괴롭히는 연인이나 배우자, 친구에게 끌려요. 그걸 사랑으로 인지하고 그게 익숙한 것도 모자라 심지어 안정적이라고 느껴요.

먹잇감을 기가 막히게
알아채는 사람들

그리고 박해자 역할이 있어요. '나는 다 괜찮은데 너는 안 괜찮아. 너는 문제가 있어. 너는 답답해. 너는 부족해. 너는 무능해' 이런 인식으로 상대를 봐요. 이 사람들은 관계에서 주도권을 쥐고 상대방을 통제해요. 그래서 주로 비난, 지시, 지배를 합니다.

이 박해자 역할을 하는 사람은 처음에는 굉장히 친절해요. 매력적이고 활달하고 상대방에게 잘 맞춰줍니다. 그러다 자기한테 넘어왔다 싶으면 딱 태도가 바뀌는 건데요. 매우 전략적이지만 의도적으로 그러는 건 아니에요. 이 드라마 삼각형의 세 가지 역할 모두 다 마찬가지로 자기가 알고 그러는 게 아니라 나도 모르게 그런 패턴으로 관계를 맺는 거죠.

이 박해자는 먹잇감을 기가 막히게 알아차립니다. 희생자 역할을 자처하는 사람을 잘도 골라서 괴롭혀요. 희생자들을 답답해하며 짜증을 느끼면서도 그들이 절대 이 관계를 끊어내지 못하게 하죠. 구박하면서 내 감정을 쏟아내 버릴 희생자가 있어야 박해자 역할을 유지하면서 살 수 있거든요. 만약 관계가 끊어지면 다른 희생자를 찾아요.

항상 베푸는 사람들의
진짜 마음

세 번째 역할로 구원자가 있어요. 박해자와 마찬가지로 '나는 괜찮은데 너는 안 괜찮아'라는 인식으로 상대를 보는데 박해자와 다른 점이 있다면 '너는 안 괜찮기 때문에 괜찮은 내가 도와줘야 돼'라는 태도로 산다는 거예요. 그래서 어딜 가든지 항상 자기가 도와주고 선한 영향력을 끼치려고 하죠. 베풀고 이끌어주고 사람들이 물어보지 않아도, 도움을 필요로 하지 않아도 스스로 먼저 나서서 도움을 주려고 합니다. 심지어 자기 자신을 희생시키면서까지 과도한 도움을 주고 스스로 탈진해서 힘들어해요.

내 주변엔 다 힘든 사람뿐이라 어쩔 수 없다고 생각하지만 사실은 자기가 끌어당기면서 그 역할을 자처하는 거죠. 그래야 나의 존재감, 정체성, 우월감을 느끼니까요. '난 이 정도로 인정이 많은 사람이야. 나 이렇게 도움을 줄 수 있는 선한 영향력을 지닌 사람이야'라는 데서 자존감을 두둑이 챙겨요.

보통 훌륭하다는 평가를 받지만 구원자는 사실 인정이 받고 싶은 거예요. 그래서 상대방이 고마워하지 않거나 따라주지 않으면 굉장히 서운해해요. 따지고 보면 남을 위한 게 아니라 남을 도우면서 내가 인정받고 싶었던 건데 그게 채워지지 않으면 좌절을 느끼죠.

이런 역할을 자처하지 않고 건강한 관계를 맺으려면 어떻게 해야 할까요? 일단은 '내가 지금 이런 역할을 자처하고 있구나'라는 걸 인식하고 인정해야 해요. 내 자아가 깨어나서 무의식적인 나의 관계 패턴을 읽어야 돼요.

'이렇게 희생하면서 내가 얻어내고자 하는 게 뭐지?' '남을 도우면서 정말로 내가 얻고자 하는 진짜 마음이 뭐지?' 한번 생각해 보세요. 내가 얻고 싶은 게 자존감인지 관심인지 연결감인지 아니면 다른 무엇인지. 그게 뭔지 알았다면 이런 드라마 역할 놀이를 하지 않아도 채울 수 있는 또 다른 좋은 방법을 찾아보세요. 그리고 실행하는 겁니다.

특히 상대방에게 내 마음을 언어로 표현해야 해요. 나를 지키기 위해서 선을 긋고, 그 선을 언어로 상대방에게 알려줄 수 있어야 해요. "나에게 그런 말 하지 마" "걱정은 고마운데 내가 알아서 할게" 이런 식의 선 긋기와 함께 내가 상대방에게서 얻고자 하는 정서적 욕구가 있으면 그것도 언어로 표현하는 거예요.

나를 지키기 위해서
때로는 싸울 수 있어야 해요

진영 씨가 결혼 생활을 너무나 우울해하고 힘들어했던 건 갈등이 너무 싫어서 그 어떤 부당함과 정서적 결핍에도 자신의 마음을 전혀 표현하지 못했기 때문이에요. 국가도 영토를 지키기 위해서 전쟁을 하는데, 나도 나를 지키기 위해서 때로는 싸울 수 있어야죠. 나는 그 사람이 아니어도 살아갈 수 있다, 나는 누군가가 아니어도 홀로 설 수 있다는 믿음을 가지고 힘차게 걸어보세요. 저는 사실 그렇거든요. 혼자 서기가 힘들 땐 진짜 큰 소리로 외쳐요.

"나는 너에게 매이지 않을 수 있다!""나는 기댈 수도 있고 혼자 설 수도 있다!" 갈등이 두려워서 계속 나를 희생시킨다면 계속 내 자아가 작아져서 점점 더 홀로 설 수 없을 거예요. 나를 지키기 위해서 우리 계속 부딪혀 봅시다.

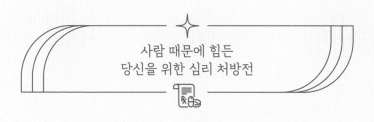

누군가 나를 이용하는 것 같다면 다음을 꼭 기억하세요.

1. 나를 함부로 대하는 상대방은 나를 사랑하는 게 아니에요.

2. 나를 비난하거나 지배하는 사람의 먹잇감이 되지 마세요.

3. "걱정은 고마운데 내가 알아서 할게"와 같이 선을 긋고 언어로 표현

   하세요.

나를 지키기 위해서 때로는 싸울 수 있어야 해요.

홀로 설 수 있다고 큰 소리로 외치고 힘차게 부딪혀 봐요.

04

누군가와 가까워지면
어색하고 불편해요

현수 씨가 상담 첫 시간에 덤덤한 얼굴로 말을 꺼냈어요.

"저는 그냥 추리닝 입고 집 앞에 있는 편의점에서 맥주 한잔 할 수 있는 친구가 있으면 좋겠어요. 나이가 들어가면서 친구가 점점 줄어들기도 하지만, 친구가 있어도 뭔가 편하게 어울리기가 어려워요. 새로운 친구를 만들어보기도 했는데 처음 알아갈 때만 잠깐 가까워지는 것 같다가 조금 지나면 또 어색하고 불편해져요."

"그러시군요. 뭐 때문에 불편하신 것 같나요?"

"그냥 시시콜콜한 얘기들 있잖아요. 연예인, 드라마, 가방이나 화장품 얘기 그런 거 별로 의미 없잖아요."

"그런 시시콜콜한 얘기 말고 깊은 정서적 교류를 하고 싶다는 뜻인가요?"

"이미 저는 그래본 지 너무 오래됐고 그러고 싶지도 않아요. 그냥 많은 친구와 신나고 재밌게 놀고 싶어요. 친구들이 저를 깊이 알면 평가할 것 같고 한심하게 생각할 것 같아서 제가 위축되니까요."

언제부터 사람 만나는 게
이렇게 불편해졌을까요?

대인 관계에서 겉돌고, 친구는 있지만 어색하고 불편한 분들이 있어요. 진짜 편하게 맥주 한잔 같이 하면서 사람의 온기를 느끼고 싶은데 그런 작은 소통들이 없으면 삶이 너무 팍팍하고 건조하죠. "나는 사람 같은 거 필요 없어"라는 말로 자기를 방어해 보지만 애먼 데서 불안과 불편을 느끼곤 할 거예요.

왜 이렇게 사람 만나고 사는 게 불편해졌을까요? 누군가에게 관심이 생기고 그 사람과 가까워지고 싶으면 어느 정도는 자신의 경계 안으로 상대방이 들어오도록 허락해야 해요. 그런데 타인의 평가나 시선에 너무 민감한 사람들은 그걸 너무 두려워하죠. '나의 경계 안으로 들어오면 나에게 실망할 거야'

혹은 '나를 통제할 거야, 간섭할 거야'라는 마음이 들어서일 수도 있어요.

그래서 타인과 친해지고 싶으면서도 나의 삶에 누군가 들어오는 것이, 그 사람과 깊은 마음을 나누는 것이 너무나 공포스럽고 불안하게 느껴집니다. 그 대신 반려동물이나 물건이나 가상의 것과 애착 관계를 맺기도 해요. 그런 것들은 자기를 평가하지 않고 통제하지도 않으니까요. 그래서 무언가에 중독될 가능성이 높죠. 매일 술을 마시거나, SNS나 게임에 중독되고, 그 외에 어떤 특정 활동에도 중독될 수 있어요. 그렇게 외로움과 공허함을 달래면서 사는 거죠.

누군가를 만나도
자꾸 외롭고 공허한 이유

어렸을 때 가정 안에서 충분히 수용받지 못했거나 강하게 통제를 받으면서 자랐다면 더욱 대인 관계에 두려움을 갖게 돼요. 자신의 인생을 스스로 설계하고 결정하며 행동할 수 있는 힘을 기르지 못했기 때문에 누군가와 관계를 맺는 것에 두려움을 느끼는 거죠. 혹은 과도한 허용이나 과보호를 받으며 자랐어도 대인 관계에 대한 불안감을 가져요.

하지만 사랑받고 싶은 본능이 있어서 그저 좋은 사람으로 비춰질 가면을 쓰고 겉도는 관계만 맺으려고 해요. 아니면 반대로 세상을 완전히 적대시하면서 누가 무슨 말을 하면 다 공격으로 받아들이고, 작은 몸짓 하나도 왜곡하기도 하고요. 그렇게 점점 난폭하고 공격적인 사람이 되어가면서 더욱 사람을 만나기 힘들어지죠.

그래서 이 외로운 상태에서 벗어나려면 자신의 힘을 되찾아야 합니다. 원래 사람 안에는 힘이 있어요. 자생력, 에너지, 원동력 등과 같은 힘이요. 내가 지닌 그 힘을 알고 사용해야 해요. 힘은 쓸수록 강해지잖아요. 나의 삶을 내가 주도하고, 누가 나를 어떻게 생각하든 일단 내가 무엇을 원하는지 알고, 그것들을 표현하고 실천해 나가는 힘을 키워야 해요. 주체성을 기르는 거죠.

내가 유독 불편하게 느끼는 것들은 내가 어려서부터 혼나며 지적받아 왔던 타고난 내 모습일 수 있어요. 그걸 계속 억누르면서 살면 대인 관계가 굉장히 불편해질 수 있거든요. 남들에게 어떻게 비쳐져야 한다는 생각으로 부자연스럽게 관계를 맺으니까요. 그래서 외롭지 않게 제대로 된 관계를 맺으려면 내 모습 그대로를 살려야 한다는 거예요. 내 모습 그대로 정직하게 살아갈 수 있는 힘을 키우세요. 나를 꾸미지 말고 그대로 나답게 보여줘 버릇하면 관계가 훨씬 편해질 수 있어요. 여러분의 진짜 모습은 전혀 부적절하지 않아요. 도대체 적절한 사람은 어떤 사람일까요? 그건 그냥 우리 부모의 기준이거든요. 내가 우리 부모는 아니잖아요.

가장 적절한 사람은 그냥 나다운 사람이에요. 가장 자연스럽고 매력적이고 최적의 능력을 발휘할 수 있는 모습은 그저 나다운 모습입니다. 활발하면 활발한 대로, 조용하면 조용한 대로, 빠르면 빠른 대로, 느리면 느린 대로 그 모습을 칭찬해 주고 예뻐해 주세요. '이건 내가 타고난 거야' 하면서요.

'그러다가 사람들이 날 떠나면 어쩌지?'라고 생각할 수도 있겠죠. 상대방에게 맞춰줘야 좋은 인간관계를 맺을 수 있을 것 같죠? 그 관계는 굉장히 공허하고 외로워요. 만나고 있어도 외로워요. 진짜 나로 만나는 게 아니니까요. 내가 나를 외롭게 만드는 거죠. 오히려 나답게 살아가면 꾸며진 모습보다 더 친밀하고 편안한 관계를 맺을 수 있어요.

누구에게나 때때로
고독이 필요해요

꼭 기억해야 할 것은 인간은 누구나 어느 정도 고독을 끌어안고 살아간다는 거예요. 누구라도 대인 관계가 언제나 풍요롭지만은 않죠. 그 고독도 때때로 필요합니다. 혼자 조용히 침묵할 때 내가 나를 만날 수 있어요. 진짜 나를 돌아볼 수 있어요. 그리고 외로움이라는 감정이 있어야 지인들의 소중함을 깨닫고 더 감사히 여기며 좋은 관계로 나아갈 수 있어요.

혼자 있을 수 있고, 혼자 있어도 괜찮은 사람은 상대방을 속박하지 않고 통제하지 않아요. 상대방을 편안하고 자유롭게 해주죠. 혼자 있을 수 있는 능력은 은둔 생활을 하거나 타인을 회피하고 거부하는 것과는 달라요. 고독을 무서워하지 않고 진짜 고독을 즐길 줄 아는 사람은 사람들과 관계를 아예 맺지 않는 게 아니라 오히려 진짜로 깊은 관계를 맺고 있어요. 그 사람들에게는 사랑하는 사람들이 있어요.

아이가 양육자와 떨어져서 혼자 자유롭게 놀이를 즐길 수 있는 건 언제라도 다시 나에게 돌아올 양육자를 신뢰하기 때문이에요. 깊게 신뢰하고 진심으로 사랑하는 사람이 있으면 오히려 혼자 잘 있을 수 있어요. 그들에게 집착하거나 의존하지 않으면서도 깊은 교감을 나누죠.

외로움을 극복하는 데 꼭 필요한 두 가지

외로움을 극복하고 싶다면 이 두 가지를 기억해 보세요. 고독을 받아들이고, 그 시간 동안 자기 자신을 돌보는 겁니다. 독서나 취미 활동, 명상, 휴식, 산책 등을 통해서 나에게 집중하고 내면을 돌보는 충전의 시간을 가질 수 있어요. 그러면서 동시에 관계를 진실하게 맺자고 다짐하고 시도해보는 거예요. 휴대폰은 잠시 꺼두고 나 혼자 버티는 시간을 늘려요. 가면을 벗고 내 모습 그대로, 색안경을 벗고 상대방의 모습 그대로 소통하고 교류하는 거예요.

자기를 포장할수록 아무리 친구가 많아도 외로움과 공허함을 떨칠 수 없어요. 친구가 몇 명 없더라도 정직하고 진실하게 관계를 맺는다면 혼자 있어도 외로움에 짓눌리지 않고 오히려 고독을 즐길 수 있는 사람이 됩니다.

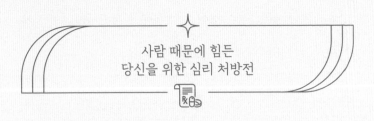

누군가를 만나는 게 불편하다면 다음을 꼭 기억하세요.

1. 누군가와 친해지고 싶다면 그 사람이 내 삶에 어느 정도는 들어올 수
   있도록 허락해 주세요.

2. 외롭지 않은 관계를 맺으려면 내 모습을 있는 그대로 보여줘야 해요.

3. 혼자만의 시간을 가지세요. 그러면 상대에게 집착하거나 의존하지
   않으면서도 깊은 교감을 나눌 수 있어요.

4. 자꾸만 자기를 포장하면 아무리 친구가 많아도 외롭고 공허해져요.

고독을 받아들이고 자신을 돌보는 기회로 삼아보세요.
　정직하고 진실한 관계를 맺으면 친구가 적더라도 외로움을
극복할 수 있어요.

2부

나의 행동과
우리의 관계를 변화시키는
감정 사용법

감정과 의지와 행동 중에서 가장 큰 힘을 가진 것은 행동일 것 같지만 사실은 감정입니다. 인간의 감정은 의지와 행동을 변화시키는 아주 강한 원동력이 되기 때문이죠. 금연이나 다이어트처럼 강한 의지가 필요한 것을 실천할 때 행동만 바꾸려고 하면 대부분 작심삼일이 되지만 어떤 사건이나 결정적인 이유로 감정이 움직이면 강력한 의지가 생기고 행동이 변해서 가능해집니다. 그래서 여러분이 더 건강한 사람으로 변화하고자 한다면 구체적인 실천 사항을 묻기 전에 먼저 자신의 감정을 살펴보고 건강하게 다루는 것이 우선이 되어야 합니다. 2부에서는 자신의 우울감, 불안감, 분노와 같은 다루기 어렵고 힘든 압도적인 감정들에 대해 말씀드릴게요. 감정을 풀어내고 나면 여러분의 의지와 행동이 탄력을 받을 수 있을 거예요.

05

부정적인 생각이
끊이지 않아요

"제발 제 생각 좀 멈추게 해주세요. 생각을 막을 수 있는 방법이 없을까요?"

이렇게 호소해 오는 내담자가 정말 많습니다. 생각이 괴로운 이유는 그 생각이 '부정적'이기 때문일 겁니다. 불안, 걱정, 원망, 미움, 후회, 강박적인 생각…. 나의 모든 에너지를 고갈시키는 생각들이 머릿속을 계속해서 둥둥 떠다닌다고 생각해 보세요. 괴로울 수밖에 없죠.

문제는 내 마음대로 생각을 멈출 수 없다는 겁니다. 특히 강박적인 생각은 내 의지대로 조절하기 어려워요. 부정적인 생각이라는 게 그냥 '외부로부터 들어오는' 경우가 많기 때문에 그렇습니다. 생각을 내 뜻대로 다 조절할 수 있다면, 세상 모든 사람이 하고 싶은 생각만 하며 살아갈 수 있겠죠. 저는 '생각을 막을 수 없느냐'는 내담자의 질문에 이렇게 대답하곤 합니다.

"그런 방법은 없습니다. 대신 생각을 바꿀 수는 있어요."

나쁜 생각을 한다고
내가 '나쁜 사람'은 아니에요

　먼저 꼭 말해두고 싶은 점이 있어요. '부정적인 생각'을 하
는 나 자신에게 거부감을 갖기보다는 그냥 그 모습을 수용하
는 편이 낫다는 거예요.
　'그래. 부정적인 생각, 뭐 할 수도 있지. 다들 그러고 살아.'
　이렇게 생각해 버리면 어떨까요? '생각이 많다'고 걱정하
면서 '생각'에 과도한 의미를 부여하거나 힘을 실어주지 않는
거죠. 이렇게 유연하게 사고하면 오히려 생각이 힘을 잃고 희
미해질 수 있어요. 반대로 생각을 부정하고 억압할수록 그 생
각은 나의 내면 깊은 곳에 갇혀서 더욱 나를 괴롭힐 거예요.
　그러면 어떻게 생각을 유연하게 받아들일 수 있을까요? 일

단 '생각하는 행위' 자체를 미워하지 마세요. 특히 내담자의 이야기를 들어보면, 생각과 자기 자신을 동일시하는 경우가 많아요. '나쁜 생각을 하는 나'를 '나쁜 나'로 받아들이는 식이죠. 그런데 부정적인 생각을 내 자아, 내 존재 자체라고 생각하는 순간 너무 괴로워집니다. 우리는 하루에도 오만가지 생각을 해요. 그때그때 보고 들은 것들이 순간의 내 생각에 영향을 미쳐요. 그러면 내가 보고 듣는 모든 것이 다 '나 자신'인가요? 그렇지 않죠. 생각해 보세요. 내가 누군가를 해치는 생각을 했다고 해서, 내가 실제로 '누군가를 해치는 사람'인 것은 아니죠. '생각=나'라는 공식은 애초부터 성립하지 않는다는 말이에요.

그냥 내면에 떠오르는 생각들을 '내 머리 위로 지나가는 참새' 정도로 받아들이면 어떨까요? 가끔은 참새가 지나가다가 내 머리 위에 똥을 쌀 수도 있겠죠. 그 참새 똥 같은 '부정적인 생각' 때문에 힘들 수는 있지만, 그렇다고 내가 '참새 똥'인가요? 당연히 그렇지 않죠.

'아, 내가 잠시 외부의 영향 때문에 스트레스를 받고 취약해졌구나.'

이렇게 생각과 나를 잠시 분리하고, '부정적인 생각을 떠올리는 나'를 있는 그대로 수용해 보세요.

생각은 멈추는 것이 아니라
'바꾸는' 거예요

생각은 멈추려고 하지 말고 바꾸려고 해야 해요. 기존의 생각 대신 새롭게 떠올리는 생각들을 심리학 용어로는 '대안 사고', '대체 사고'라고 해요. 평소 우리는 스트레스를 받을 때 스마트폰을 하거나, 지인을 만나서 수다를 떨죠. 멀리 여행을 가기도 하고요. 잠시라도 부정적인 생각을 잊을 수 있으니까요. 이것도 대체 사고의 한 종류입니다.

하지만 스마트폰을 하거나 수다를 떠는 것만으로 힘든 생각을 완전히 밀어낼 수는 없어요. 24시간 스마트폰을 하거나 1년 365일 여행을 떠날 수 있는 것도 아니니까요. 그저 그 활동을 할 때만 잠시 부정적인 생각이 밀려날 뿐이에요. 부정적인 생각을 멈추려면 더 확실한 대체 사고가 필요합니다. '원래 있던 놈'이 자연스레 밀려 나가고, '새로운 놈'이 나를 장악하도록 자리를 바꿔주는 거죠. 도대체 어떻게 그럴 수 있느냐고요? 이제 그 방법을 알려드릴게요.

하나, 보고 듣는 것을 바꾸세요. 내가 평소 무엇을 보고, 무
엇을 듣고, 누구를 만나서 무슨 대화를 나누는지에 따라 나의
생각도 크게 영향을 받아요. 생각을 바꾸려면 결국 내가 보고
듣는 것, 만나는 사람을 바꿔야 합니다. 그런데 부정적인 생각
에 휩싸여 있는 사람들은 대체로 고립된 생활을 하는 경우가
많아요. 늘 만나는 그 사람, 늘 다니는 거기, 늘 하는 그것을 고
수하며 본인이 안전하다고 느끼는 생활 패턴에 갇혀 있죠. 하
지만 생각을 전환하고 싶다면 새로운 경험을 할 필요가 있답
니다.

"말이 쉽죠. 새로운 경험을 하는 게 얼마나 스트레스인데요!"

이렇게 난감해하는 마음도 이해합니다. 늘 고립되어 지내
던 사람이 갑자기 밖으로 나가면 오히려 스트레스를 받을 수
도 있어요. 그렇다 하더라도 '꼭 필요한 일'이라는 사실을 기
억해 주었으면 해요. 누구에게나 자신의 틀을 깨는 것은 힘든
일이에요. 이를 극복할지 말지는 나의 선택에 달려 있어요. 다
른 사람이 대신 해줄 수 없는, 오로지 내가 할 수 있는 일이니
까요. 한 가지는 약속할 수 있어요. 새로운 시도에 대한 두려움

을 이겨내고 나면, 지금껏 미처 알지 못했던 나의 잠재력과 가능성, 또 다른 면들을 발견하게 될 거예요.

둘, 에너지를 소진해야 해요. 우리는 어딘가에 끊임없이 에너지를 쏟으며 살고 있어요. 각자 '에너지의 총량'이 정해져 있어서, 이를 결국 어딘가에 쓰게 되어 있죠. 그런데 일상생활에서 육체적으로 열심히 사는 사람들은 생각보다 단순하게 살아요. 잠도 잘 자고요. 그들은 생각의 에너지를 육체의 에너지로 전환하기 때문에 잡다한 생각을 그다지 떠올리지 않죠.

심리 치료 중에서 '농촌 활동 프로그램'이 있어요. 농사일을 하면서 하루 종일 땀을 뻘뻘 흘리면, 부정적인 생각들이 어느새 콩알처럼 작아져 있음을 알 수 있죠. 몸이 힘들면 내 문제가 별게 아니라는 사실을 깨닫게 되거든요. 신체 활동이 심리에 끼치는 긍정적인 효과는 몸소 체험을 해봐야만 알 수 있습니다. 머리가 복잡할 때 등산을 가거나 복싱을 하는 등의 신체 활동을 해보기를 권합니다.

셋, 나의 부정적인 생각을 검증해 보세요. 내가 하는 부정적인 생각에 정말 일리가 있을까요? 스스로에게 질문해 보세요. 나의 부정적인 생각이 진짜 맞는지 '태클'을 걸고, 질문하며 따지세요. 예를 들어볼게요. 단체 채팅방에서 나만 소외되는 것 같다는 부정적인 생각이 치밀어 올랐다고 해봅시다. 사람들이 내 말에만 대답을 잘 하지 않는 것 같고, 자기들끼리만 친한 것 같죠. 그럼 '사람들은 날 싫어해. 나는 매력이 없고, 인기가 없어. 나는 소심하고, 낯가리는 사람이야' 이런 생각들이 끊임없이 떠오르게 마련입니다. 그럴 때 자기 자신에게 계속해서 질문을 던져보는 거예요.

"그 채팅방에 있는 사람들은 정말 다들 친해? 온라인에서만 친한 거 아니야?"

"그 방에 있는 모두가 나를 싫어한대? 직접 물어봤어?"

"내가 어느 모임에서나 소극적이었나? 편하게 지내는 다른 모임도 있잖아. 그리고 내가 속한 모든 채팅방에 다 활발히 참여하면 정말 좋을까? 그만큼 시간을 많이 빼앗기고 신경 쓸 게 많은데. 진짜 그렇게 살기를 원해?"

"이런 일로 내가 진짜 문제 있는 사람이라고 단정 지을 수 있어?"

이렇게 내가 하는 생각에 꼬투리를 잡아보세요. 꼬투리가 모두 잡힐 때까지 끈질기게 딴지를 걸고 지적을 해보세요. 그런 뒤에 다음과 같이 새로운 대체 사고를 집어넣는 거예요.

"채팅방에서 활발히 활동한다고 다 인기 있고 성격 좋은 사람인 건 아니야. 사람들이 내 말에 호응해 주지 않는 게 그 사람들이 나를 싫어한다는 증거도 아니고. 중요한 건 채팅방에서 오고 가는 메시지가 아니라 실제 만남이야. 지금부터가 중요해. 진실한 관계를 쌓아야지."

이렇게 말이에요. 물론 이건 제가 만든 예시일 뿐이에요. 대체 사고는 누가 대신 해줄 수 없어요. 내가 나에게 스스로 질문하고, 나에게 딱 맞는 대체 사고를 찾아서 넣어줘야 해요. 언제나 답은 나 자신에게 있답니다.

지금이 바로 나의 내면을
들여다볼 기회입니다

'그래, 결심했어! 지금부터 긍정적인 생각을 하자!'

이제 왜 이런 결심이 지켜지기 어려운지 알겠죠? 부정적인 생각이 끊이지 않아 괴롭다면, 긍정적인 생각 대신 차라리 합리적인 생각을 해보세요. 사실에 근거한 객관적인 생각 말이에요. (물론 이렇게 해도 부정적인 생각을 떨치기가 어렵다면, 내 무의식과 내면을 탐색하면서 풀어나가는 과정이 필요하겠죠.)

아직도 쓸데없는 생각을 멈추지 못하는 나 자신을 한심하게 여기고 있나요? 쓸데없긴요. 내 마음 하나, 내 생각 하나 조절하지 못하는 나를 깨달음으로써 지금껏 방치해 왔던 내면을 돌아볼 기회를 가질 수 있는걸요. 우리 위기를 기회로 만들어 봐요. 그리고 기억하세요. 내가 떠올리는 부정적인 생각은 절대 '나 자신'이 아니에요. 생각과 나를 분리하고, '그 생각을 하는 나'를 찬찬히 바라보세요. 분명 그 '쓸데없는 생각'을 통해서도 한 걸음 더 성장할 수 있습니다.

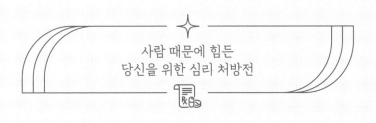

부정적인 생각에 휩싸일 때는 다음을 기억하세요.

1. '부정적인 생각'과 '나'를 분리하세요. 부정적인 생각이 곧 '나'인 것은
   절대 아닙니다.
2. 새로운 경험을 통해 새로운 생각을 불어넣어 보세요.
3. 다양한 신체 활동을 통해 건강한 심리 상태를 유도할 수 있어요.
4. 끊임없이 떠오르는 부정적인 생각이 진짜 맞는지 검증하고 '대체 사
   고'를 넣어주세요.

위기를 기회로 만들어봐요.
'쓸데없는 생각'을 통해서도 한 걸음 더 성장할 수 있답니다.

06

죽고 싶지는 않지만,
살고 싶지도 않아요

우울한 사람들은 저를 찾아와 주로 이렇게 말해요.

"재미있는 게 없어요. 어릴 때 한두 가지 정도는 재미가 있었던 것 같은데 갈수록 더 뭘 해도 흥미로운 게 없네요."

"아침에 일어나는 게 제일 힘들어요. 밥 해 먹는 것도 너무 힘들고요. 뭔가에 도전하거나 움직이는 것도 너무 힘들어요."

"저는 사는 게 정말 허망하다고 느껴요. 살아서 뭐 하나. 그렇다고 막 죽고 싶은 것도 아니지만 삶에 대한 미련도 없고 열망도 없고 그냥 살아요."

"지금까지 몇 년을 이렇게 힘들게 살았는데 이게 끝나기는 해요? 이건 끝나지 않아요. 희망이 없어요. 그렇다고 죽을 용기도 없고… 사는 게 얼마나 고문인지 아세요?"

저는 정말 이 모든 말을 고스란히 이해합니다. 저도 우울이라면 이골이 난 사람이니까요. 어떻게 하면 이 우울을 극복할 수 있냐는 질문을 참 많이 받아요. 그 질문 정말 어려워요. 인간에게 우울감이란 분노, 기쁨, 불안, 설렘 등과 같이 자연스럽게 왔다 갔다 하는 하나의 정서고 감정이니까요. 그걸 억지로 떨쳐내기란 정말 쉽지 않죠. 찾아올 만해서 찾아온 거고 갈 때가 되면 갑니다. 자연스러운 감정인데 우리는 유독 다른 감정에 비해 우울을 더 병적으로 생각하는 것 같아요.

남들보다 유독
더 우울한 사람들

그런데 내가 남들보다 유독 우울하고, 단순히 지나가는 수준이 아니라 더 자주 깊게 우울을 느끼는 것 같다면 조금은 다른 점이 있을 거예요.

먼저는, 집착적이고 강박적이라서일 수 있어요. 딱딱 맞아야 하고 흠이 없어야 하고 완벽하게 성공해야 하는 거죠. 원하는 것을 이루기까지 그 생각에서 헤어나지 못하는 집착적인 사람이라서 그런 겁니다. 불안은 생각이 미래에 가 있는 거고 우울은 생각이 과거에 가 있는 거예요. 즉, 바꿀 수 없는 지나온 과거를 계속 집착적으로 회상하면서 깊은 우울감에 빠지는 거죠.

또 이런 사람들은 자기표현을 못 하고 참거나 타인을 너무 배려하고 희생하는 경향이 있기도 합니다. 내가 남에게 어떻게 보일지 과도하게 신경 쓰느라 자기표현을 잘 못할 수 있고 원래 성격상 참고 삭히는 사람일 수도 있어요.

이런 성격적인 요인과 더불어서 현재 내 상황이 내가 원하는 대로 되지 않으면 더욱 우울증이 오게 돼요. 우리가 힘든 이유는 내가 간절히 원하는 삶이 있는데 그게 뜻대로 안 돼서 그래요. 문제가 해결되지 않는 시간이 길어질수록 우리를 기분 좋게 해주는 호르몬인 세로토닌이 오랫동안 분비되지 않으면서 질병에 이르게 됩니다.

그리고 주변에 사람이 없고 혼자 고립되어 살아가는 사람들은 우울증에 더 잘 걸려요. 마음 나눌 곳 없이 계속 혼자 있으면 후회나 자책이나 불안이 끝도 없이 펼쳐져요. 그럴 때 누군가와 대화를 하면 해소가 되기도 하고 현실감을 되찾기도 하는데 사회적으로 고립되어 있으면 우울의 늪에 빠져 들어가는 것 같죠. 그래서 독박육아를 한다든지, 이민이나 유학 생활을 하는 경우에 우울증에 더 잘 걸리게 됩니다. 원래 혼자 있는 것을 좋아해서 고독을 즐길 수는 있겠지만 그렇다고 소통하는 사람이 한 명도 없다면 얘기가 달라져요. 한 명은 있어야 돼요. 고독과 고립은 달라요.

특히 요즘 같은 시대에는 우울증이 훨씬 더 심해지기 쉬워요. 코로나가 발생하면서 더 그렇게 되기도 했지만 그게 아니더라도 우리 사회가 워낙에 불안정해요. 취업도, 결혼도, 노후도 전부 다 막막하고 믿을 만한 사람을 만나기도 어렵죠. 여러모로 어려운 시대를 살아가고 있으니 우울증에 더 쉽게 걸려요.

여유를 가지고
휴식을 취하는 게 먼저예요

우울증을 치료할 때 가장 중요한 마음가짐은 '열심히 노력해서 빨리 회복해야지'보다는 '여유 있게 시간을 두고 휴식을 취해야지'입니다. 우울에서 완벽하게 빠져나가야 한다는 완벽주의적인 마음과 압박들은 우울증 치료에 별로 도움이 되지 않습니다. 충분히 여유를 가지고 휴식을 취하고 나면 어느새 조금씩 '오늘은 뭔가 좀 해볼까?' 하는 마음이 들기 시작해요. 그때 뭘 하시면 돼요.

우울증 치료를 가장 빠르고 편하게 하고 싶다면 일단 약물 치료를 해보시길 권해요. 먹으면 부작용이 있을 수 있는데 원래 모든 약에는 어느 정도의 부작용이 있어요. 감기약도 먹으면 나른하고 졸려지는 부작용이 있는데, 그건 자연스럽게 받아들이면서 항우울제의 부작용은 너무 무서워하는 것 같아요. 부작용이 있다고 해서 무슨 큰일이 나는 건 아닙니다. 약을 먹는 동안 충분히 있을 수 있는 일이죠. 다만 그 정도가 심하다면 무작정 약을 끊기보다는 의사와 상의하고 다른 약으로 바꿔볼 수 있어요. 임의로 약을 끊으면 우울증이 더 심해질 수 있으니 꼭 진료를 받아야 해요.

약물로 우울증을 치료하면 비교적 빨리 나을 수 있지만 그것 역시 충분한 시간이 필요해요. 실제로 약물의 효과는 빠르면 3~4일 이후부터 나타나기 시작하는데, 약을 먹은 사람의 3분의 2정도는 8주 정도 시간이 지나면 호전되고 나머지 3분의 1은 약이 들지 않는다고 해요. 특히 우울감이나 자살 사고 같은 것은 약으로 치료가 되지만 흥미나 의욕, 즐거움과 같은 긍정적인 감정들은 쉽게 회복되지 않을 수 있습니다. 쉽게 말해서 나쁜 것을 멈추게는 하지만 좋은 것을 넣어주지는 않는다는 거죠.

그래서 약물은 치료 효과가 비교적 빠르지만 약만 먹는다고 무조건 깔끔하게 나을 수 있는 건 아니에요. 무슨 약이든 마찬가지지만 약을 먹으면서 해로운 것들을 피해야 하잖아요? 감기약을 먹으면서 춥게 입고 찬 거 먹고 그러면 약물 치료가 소용없는 것처럼 우울증에 해로운 것들을 피하고 몇 가지는 개선해야 해요. 스트레스를 피하고, 지인들의 따뜻한 지지를 얻고, 충분한 휴식을 취하고, 생활 습관을 바꿔보세요. 그리고 근본적으로 우울증을 일으키는 생각 패턴을 바꿀 수 있는 심리 치료를 병행하면 훨씬 더 효과적으로 우울증을 치료할 수 있어요.

고민해도 소용없는 것들은
당장 내려놓으세요

보통 우울증 환자들은 고민해 봤자 아무 소용 없는 것들을 계속 부정적으로 생각해요. 이런 것을 '반추'한다고 해요. 흔히 땅굴 판다고들 하잖아요. 그 생각을 끝없이 하면서 부정적 생각의 늪으로 파고 들어가는 겁니다. 이것은 우울증 환자 거의 모두에게 일어나는 인지 과정이에요. 이 반추를 멈추려면 기분 전환을 해야 하고 환경의 변화가 좀 있어야 돼요. 쉽게 말해서 당장 누구한테 전화를 하거나, 당장 밖으로 나가서 떡볶이라도 사 먹거나, 영화를 보거나, 기분을 새롭게 할 수 있는 활동을 함으로써 멈춰야 합니다.

사실 우울증 환자들은 자기가 그만큼 비관적이고 부정적인 생각을 하고 있다는 걸 잘 인지하지 못하는 경우가 많아요.

"걔가 나를 싫어하는 것처럼 보이니까 그렇게 생각하는 거죠."

"실제로 망쳤으니까 망했다고 하죠."

자신의 부정적인 신념을 아주 굳세게 믿고 오히려 상담사를 설득하기도 하지만, 다른 사람에게는 전혀 그렇게 보이지 않을 수도 있거든요. 근데 그걸 생각보다 잘 몰라요. 그러니까 제 채널에 댓글 남기시는 분들 중에 "저는 너무 부정적이고 비관적이에요"라는 말을 하시는 분들은 엄청 희망이 있으신 거죠. 자기 상태를 인지하고 있다는 것만으로도 좋아질 가능성이 높거든요.

먼저 이렇게 자신의 부정적인 생각 패턴을 자각한 다음에는 그것을 바꿔주는 연습을 해야 돼요.

- **사건**: 그런 생각을 갖게 된 사건이 무엇이었나? '그 친구가 내 카톡을 읽씹했어.'

- **감정**: 그때 내 감정과 반응은 어땠는가? '불안하고 기분 나쁘고 초조해.'
- **생각**: 나는 그 사건을 어떻게 해석하고 받아들였는가? '내가 부담스럽나? 나를 무시하나?'
- **논박**: 다르게 해석해 볼 수 있을까? '그 친구가 평소에도 나를 무시했나? 지금 바쁜 일을 하다가 잠깐 읽고 답장을 깜박한 건 아닐까? 내일 만나면 한번 장난스럽게 물어봐야겠다.'

이렇게 생각 패턴을 바꾸는 것을 '인지 치료'라고 하는데 우울증 치료에 아주 효과적인 것으로 알려져 있고, 재발도 방지되며 심지어 약물 치료와 효과가 동일하다고도 보고되고 있어요.

이런 인지 치료뿐만 아니라 '인지 재활 훈련'도 합니다. 우리 몸도 일상으로 돌아가서 잘 적응하게 하려고 재활 치료를 하는 것처럼 우리의 대인 관계, 생각하는 습관, 생활 습관 같은 것들을 일상에서 바꿔나가도록 하는 건데요. 앉아서 생각만 바꾸려고 애쓴다면 잘 바뀌지 않아요. 실제로 나가서 부딪히고 연습해야 합니다. 사회성을 키우고 자기표현을 연습하고 스트레스 상황에 어떻게 대처해야 하는지도 터득해 가는 거예요.

자기만의 방식을 잘 터득하면서 적응해 가는 겁니다.

이렇게 하려면 깊은 우울감은 어느 정도 회복된 상태여야 겠죠. 거듭 말씀드리지만 너무 우울할 때는 아무 노력도 안 하는 게 좋아요. '나는 태어난 것만으로도 충분하다. 할 일 다 한 거야. 지금은 쉬자' 하고 아무 죄책감 없이 당당하게 쉬세요. 그러다가 조금 나아지면 이렇게 부딪히며 생각을 바꾸는 연습을 해나가는 겁니다.

우울감에
빠지지 않는 연습

우울증은 평소 관리와 예방이 참 중요한데 그중에서 기본은 잘 먹고, 잘 자고, 잘 쉬는 것입니다. 규칙적으로 숙면을 취하고 골고루 영양가 있는 음식을 먹고 적당히 대인 관계를 유지하기만 해도 우울증을 예방할 수 있어요. 또 일주일에 3일 이상 30분씩 산책을 하는 것도 우울증을 예방하는 데 크게 도움이 돼요. 특히 햇빛을 받는 게 굉장히 중요해요. 일조시간은 기분 변화에 상당한 영향을 미치거든요. 계절성 우울증이라는 것도 있잖아요. 햇빛이 짧은 계절에는 우울증이 더 심해진다는 거예요. 그러니까 암막 커튼으로 창문을 다 가리지 말고 집에만 있더라도 커튼을 열고 환기도 잘 시키는 게 좋습니다.

우울감이 나를 덮치면 밖에 나가기가 정말 싫어요. 그럴 때는 혼자는 못 나가고요, 주변에서 좀 도와줘야 해요. 내 의지로는 못 가지만 누군가와 어쩔 수 없이 나가서 좀 돌아다니다 보면 몸은 엄청나게 피곤한데 조금씩 환기가 될 수 있어요. 우리는 결국 일상을 회복하는 데까지 이르러야 하니까요. 잠깐의 우울은 충분히 쉬면서 나아질 수 있지만 장기적, 만성적 우울이라면 우울하더라도 일상을 유지하는 것이 정말 중요해요.

그리고 하고 싶은 일을 해야 합니다. 현재 하기 싫은 일을 어떤 의무와 책임 때문에 어쩔 수 없이 계속 하고 있다면 오랜 시간 즐거움을 느끼지 못하게 되고 우울증에 걸리기 쉬워요. 이럴 때는 내가 하고 싶은 일, 설레고 기다려지는 일, 재미있고 열정을 쏟을 수 있는 활동을 찾아야 해요. 무료하고 답답한 일상 속에 자극을 주어야 하죠. 남의 시선이나 의무감을 떠나 정말로 내가 하고 싶은 일을 찾아서 소소하게라도 해보세요. 맛집 탐방, 영화 보기, 수집하기, 요리, 독서, 사우나, 쇼핑, 댄스 등 흥미로운 일을 찾으면 상당 부분 우울감에서 빠져나올 수 있습니다.

마지막으로 정말 중요한 한 가지, 완벽주의를 버리셔야 합니다. 적당함을 모르는 것, 어중간함을 견디지 못하는 것, 불완전함이 너무 불편한 것, 그 성격이 우울증에 자주 걸리게 해요. 저도 어디 가서 빠지지 않는 한 완벽주의 했거든요. 근데 지금은 다 사라졌어요. 그러니까 바뀌는 게 충분히 가능해요. 물론 힘들겠죠. 쉬운 게 어디 있겠어요. 근데 안 되는 것도 어디 있어요. 됩니다. 실수를 경험으로 받아들이고 중간을 실패가 아닌 중간으로 받아들이는 연습이 필요해요.

'100점이 아니어도 괜찮아. 70점은 0점이 아니잖아, 그냥 70점이지.'

'이 모임에서 다 나를 좋아하지 않을 수도 있어. 그래도 괜찮아, 나를 좋아하는 사람도 있잖아.'

'내 업무에 허점이 있을 수 있어. 그래도 괜찮아, 잘된 부분도 있잖아.'

그 중간을 그대로 받아들이는 연습을 하면 스트레스를 그렇게 심하게 받지 않을 수 있어요. 이렇게 되려면 그만큼 경험을 많이 쌓아야겠죠. 완벽주의는 두려워서 집에만 있고 아무 도전도 하지 않는 게으른 완벽주의로 빠질 수 있는데, 그래서는 이러한 경험과 연습을 쌓지 못해요. 부딪히면서 애매한 중간 상태와 실수에 무던해지는 연습을 해야 합니다. 또 목표를 좀 낮추고 현실적으로 잡아야 하고요.

사실 우울증 상담 치료를 받아도 상담 시간은 일주일에 한 시간밖에 되지 않아요. 나머지 시간 동안 내가 무엇을 하면서 어떻게 보내는지가 절대적으로 중요하죠. 상담사는 환자 상태에 따라 지지와 코칭을 하고 실천할 수 있게 동기부여를 해주는 거지 새사람으로 바꿔주는 창조자가 아니에요. 결국 실천은 내가 하는 겁니다.

우울증은 고칠 수 있어요. 우울증은 불치병이 아닙니다. 경우에 따라서 난치성 우울증을 겪는 사람도 있지만 그것도 난치지 불치가 아니라는 사실을 꼭 기억하고 희망을 가지시길 바랍니다. 10명 중에 1명이 걸린다는 흔한 질병이에요. 스스로를 너무 자책하지 마시고 다 나았을 때의 내 모습을 상상하면서 이 고비를 넘기시면 좋겠습니다.

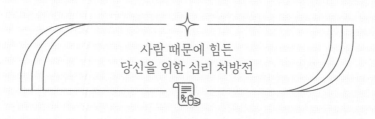

사람 때문에 힘든
당신을 위한 심리 처방전

우울증으로 힘들다면 다음을 꼭 기억하세요.

1. 혼자 고립되어 살아가는 사람이 우울증에 더 잘 걸려요. 고독을 좋아

   하더라도 소통하는 사람은 꼭 있어야 돼요.

2. 빨리 회복하는 것보다 여유를 가지고 휴식을 취하는 게 먼저예요.

3. 고민해도 소용없는 것들을 멈추고 생각 패턴을 바꾸는 연습을 해보

   세요.

4. 잘 먹고, 잘 자고, 잘 쉬는 것만으로도 우울증을 예방할 수 있어요.

완벽주의는 언제든 게으른 완벽주의가 될 수 있어요.

애매한 중간 상태를 받아들이고 실수에 무던해지는 연습을

꾸준히 하면 마음이 훨씬 가벼워질 거예요.

07

사람들을 만나면
긴장되고 위축돼요

40대 은희 씨는 직장에서 오랜 경력을 쌓았고 일을 잘하는 능력 있는 사람입니다. 그런데 직장 동료들을 만날 때면, 그것이 공적인 회의든 사적인 모임이든 너무나 불안해집니다.

"저는 사람들을 만나는 게 좋은데 그게 너무 불안하고 힘들어요. 제가 좋아하는 사람들과 대화하는 게 정말 좋고, 할 말도 다 할 줄 아는데 사람들이 저한테 관심을 보이면 심장이 두근거리고 손이 떨리고 얼굴도 빨개져요. 그렇다고 아예 투명인간 취급하면 더 싫고요."

"대인 관계나 사회적 상황에서 불안이 있으시군요."

"네. 원래도 좀 그런데 요즘에는 스트레스가 심해서 그런지 훨씬 더 심해졌어요."

불안이라는 건 내 능력과 상관없이, 직책이나 경력과 상관없이 언제나 찾아오는 것 같아요. 대인 관계나 일이나 건강이나 미래, 모든 면에서 말이에요. 이런 말이 있잖아요. '가장 두려운 것은 두려워하는 마음이다.' 즉, 두려움이나 불안은 어떤 대상에서 오는 게 아니라 사실은 내 마음으로부터 나와요. 그러니 우리가 정말로 두려워해야 할 것은 두려워하는 마음뿐이죠.

도망만 치다가는
두려움이 괴물처럼 커져요

두려움은 확실하지 않은 문제에 대한 불안감, 또 아픔에 대한 불안감에서 나오는 감정입니다. 나의 상황이나 미래를 내 의지대로 통제할 수 없을 것 같아서 불안해하는 거죠. 그리고 통제할 수 없음이 점점 더 확실해질수록 나는 불행할 거고 엄청난 피해자가 될 거라는 절망감에 빠지게 되면서 파국적인 결말을 혼자 상상합니다. 내 미래가 파국이라고 생각하고 산다면 지금 이 순간이 얼마나 지옥이겠어요.

걱정과 두려움이 사람을 지배하게 되면 비참해집니다. 자기 안에 어떤 능력과 해결책이 있어도 다 무력해져요. 나한테 충분히 해결하고 대처할 수 있는 능력이 있음에도, 두려움이 크면 판단력이 흐려지고 비관적이 되면서 아무 힘을 쓰지 못하고 무력해져요.

그러니 도전하거나 극복할 생각을 하지 못하고 당장 그 상황만을 모면하기 위해 도망만 쳐요. 회피합니다. 회피랑 불안은 짝꿍이거든요. 회피가 불안에게 계속 먹이를 줍니다. 포동포동 살찌우죠. 회피할수록 불안과 두려움은 점점 더 커져서 나중에는 내가 손쓸 수 없는 끔찍한 괴물이 돼버려요. 누가 그렇게 만들었어요? 내가 그랬죠. 내가 회피하고 도망가서 불안은 괴물이 됐어요.

그러다 보니까 두려움이 많고 걱정이 많은 사람은 대인 관계나 일 등 여러 가지 면에서 점점 위축됩니다. 온통 피할 것 투성이거든요. 그렇게 살면 매사에 긴장감이 계속 쌓이고, 그러다 보면 공격적인 사람이 되면서 어느 날 그 감정이 폭발하기도 해요. 신경질적이 되고 화가 나요.

우리 안에는 두려움이라는
괴물에 맞설 힘이 있어요

자, 그러면 어떻게 이 걱정과 두려움에 대처할 수 있을까요? 일단 이 우주와 자연은 본질적으로 위험하지 않다는 걸 이해해야 합니다. 물론 고통도 있고 불행도 있고 자연재해도 있죠. 그러나 자연과 우주와 인간에게는 회복할 수 있는 힘도 있어요. 그러니까 세상을 비관적으로 바라보면서 '우리는 필연적으로 불행할 수밖에 없어!'라는 태도를 가지는 것은 아무런 도움이 되지 않아요. 내가 두려워하고 걱정하는 그 문제에 직면하고 그 괴물을 만나는 것만이 해결책이죠. 누구에게나 맞설 수 있는 잠재된 능력이 있어요. 다만 내 걱정과 두려움이 내 능력을 발휘하지 못하게 막고 있을 뿐이에요. 여러분은 힘이 있습니다. 그 문제를 견딜 수 있고 넘어갈 수 있어요.

그렇다면 어떻게 그 문제에 직면하고 맞서야 할까요? 예를 들어서 항상 자동차 사고가 날까 봐 두렵다면 맞서서 해결해야죠. 보험부터 들고 안전장치들을 점검하고 장비를 보수하고 조심하면서요. 걱정 위주가 아닌 대처와 해결 위주로 생각하고 행동하는 거예요.

"그게 안 되는 게 문제죠, 선생님."

맞습니다. 단번에 되지는 않아요. 하지만 안 된다고 생각하면 안 되고 된다고 생각하면 돼요. 사람은 누구나 선택할 수 있어요. 그 선택이 쌓여서 습관이 됩니다.

사고방식, 생각의 패턴도 다 습관이에요. 생각은 하면 할수록 그쪽으로 길이 열리거든요. 여러분은 발전하겠다고 선택할 수 있어요. 해결하겠다고 선택할 수 있어요. 그 선택이 습관이 된다면 더 이상 불안과 두려움에 짓눌려서 무력하게 사는 게 아니라 진취적이고 용기 있게 살게 될 겁니다.

그리고 인간은 모를 때는 두려워하지만 막상 실체를 보면 두려움이 그 전보다 감소해요. 모르는 것보다 아는 것을 상대할 때 훨씬 잘 대처할 수 있으니 피하지 말고 부딪쳐야 더 잘 극복할 수 있습니다. 생각만 할 때는 두렵지만 막상 행동을 하면 그 두려움은 끝납니다.

그러니까 두려움을 해결하는 가장 빠른 방법은 두려워하는 그 일을 바로 진행하고, 통제할 수 없는 그 상황을 명확하게 마주 보는 거예요. 버티는 거죠. 실체도 모르고 닥치지도 않은 일을 방에 앉아서 상상으로만 걱정하니까 온몸에 진이 빠지는 거예요. 허상에 빠지지 말고 실체를 보고 현실로 나오세요.

두려워해야 하는 것은
두려운 마음뿐이에요

   은희 씨는 사람 만나는 게 너무 두렵지만 사람을 피하지 않기로 했어요. 말을 먼저 걸어보기로 했고 이제 농담도 곧잘 해요. 여전히 부끄럽고 떨리지만 피하지 않아요. 두려운 것은 두려워하는 마음이지 실제 내 앞에 있는 사람이 아닙니다. 그들은 실제로 날 비웃지도 않고, 크게 신경 쓰지도 않고, 날 평가하고 판단할 만큼 나에게 관심이 크지도 않아요. 그저 나 혼자 불안하다는 걸 알고 현실로 복귀하고 맞서는 거예요. 언젠가는 극복할 나 자신을 상상하면서요.

   그리고 이 불안을 다룰 때 우리가 자주 범하는 오류가 내 문제가 아닌 걸 가지고 와서 걱정하는 거예요. 이를테면, 남의 마음은 남의 문제인데 내가 끌고 와서 걱정을 해요. '그 친구의 마음은 뭐였을까? 기분이 상한 건 아닐까?' 이걸 하루 종일 생각하느라 하루를 날리는 거죠. 그 친구의 문제는 그 친구에게 돌려주세요. 나는 내 문제만 생각해요.

   인생에는 해결할 수 있는 문제가 있고 그러지 못하는 문제가 있어요. 예를 들어서 죽음을 피할 수 있어요? 부모를 바꿀 수 있어요? 내가 선택할 수 없고 피할 수 없는 것들을 구분할 수 있어야 해요. 해결할 수 있는 것과 없는 것, 고칠 수 있는 것과 없는 것을 먼저 구분하고, 고칠 수 없고 해결할 수 없는 것은 애초에 두려워할 필요가 없는 굉장히 우주적인 거란 걸 알아야 해요. 자연적인 것들, 인간의 힘으로 좌지우지할 수 없는 것들. 그런 초월적인 것들은 초월적인 것에게 던져버려야 해요. 내 영역이 아닌 겁니다. 나는 축구선수면서 자꾸 야구 경기 걱정을 하면 이도 저도 아니에요. 내가 통제할 수 있고 해결할 수 있는 것에만 집중하고 거기에만 에너지를 쏟으세요. 이걸 구분해서 생각을 정리하는 것은 굉장히 중요한 작업이에요.

'이건 내가 걱정하고 두려워할 게 아니구나, 내 손을 떠난 거야. 어차피 통제할 수 없어. 이건 신의 뜻이야. 이건 자연의 섭리야, 이건 우주의 법칙이야. 결과가 어떻든 신의 뜻이었고, 우주의 섭리였으니까 이게 최선이야. 어쩔 수 없는 거야.'

이렇게 초월적인 것에게 책임과 해결을 던져버리고 나도 초월적인 태도를 갖는 겁니다.

그렇게 해서 내면의 힘을 키우세요. 문제를 해결하는 힘, 불확실함과 애매모호함을 견디는 힘, 결과가 내 맘 같지 않아도 그 아픔을 받아들이는 마음의 힘을 키우는 거예요. 날 때부터 비관적인 사람은 없어요. 다 자기가 생각하는 습관에 따라, 살아가는 방식에 따라 오늘의 비관적인 내가 만들어진 거죠. 그 말인즉 비관적인 나를 힘 있고 합리적이고 긍정적인 나로 다시 바꿀 수도 있다는 거예요. 어차피 비관적인 것도 만들어진 거라면 긍정적인 것도 만들어지니까요. 똑같은 상황에서 두려움을 느끼는 강도는 그 사람이 지닌 내면의 힘, 그 사람이 지닌 신념에 따라 달라집니다.

두려움이라는
도전 과제를 즐기는 방법

　한번 두려움에 사로잡힌 사람에게는 세상 모든 것이 부정적이고 불안하게 보이고 작은 일도 큰 재앙으로 보이는 왜곡 현상이 일어나요. 결국 스스로를 불행한 존재로 만들어버리죠. 그러나 '나는 이 상황을 극복할 수 있어. 호랑이 굴에 들어가도 정신만 잘 차리면 나올 수 있지.' 이렇게 세상을 보는 사람은 불행을 두려움의 존재로 보지 않고 오히려 극복해야 할 도전 과제로 여깁니다.

우리가 게임을 할 때 좀 어려운 레벨에 올라가면 회피하고 삭제하나요? 그걸 깨기 위해서 더 시간을 쓰고 머리를 쓰면서 그 도전 과제를 오히려 즐기잖아요. 그래서 그 게임이 질리지 않는 거잖아요. 그런 태도를 지닌 사람은 위기를 두려워하지 않고 극복할 건 극복하고 받아들인 건 받아들이면서, 도전을 즐기면서 살아갑니다.

나는 불행하다고 늘 한탄하고 남의 탓을 하고 세상은 살 만한 곳이 못 된다고 낙담만 하고 살았다는 걸 이제는 인정하고 여기서부터 새롭게 시작해 보세요.

'그래 인생은 내가 살기에 달렸어, 세상은 내가 보기에 달렸어. 나는 두려워하고 걱정만 할 건지 아니면 부딪히고 도전할 건지 선택할 수 있어. 내 안에는 내가 생각지 못한, 경험해 보지 못한 놀라운 잠재력이 있어. 그 힘을 이제 발휘해 보자.' 이렇게 생각하는 겁니다.

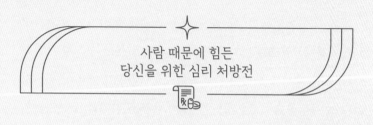

사람 때문에 힘든
당신을 위한 심리 처방전

마음이 불안할 때는 다음을 기억하세요.

1. 두려움이나 불안은 어떤 대상이 아니라 사실 내 마음으로부터 나와요.

2. 내가 두려워하고 걱정하는 문제를 직면하는 것만이 해결책이에요.

3. 해결할 수 없고 고칠 수 없는 것을 먼저 구분해 보세요. 애초에 내 영

   역이 아니라 초월적 영역에 속하는 것은 두려워할 필요가 없어요.

4. 게임을 하듯 두려움이라는 도전 과제를 즐겨보세요.

우리 안에는 두려움과 맞설 놀라운 잠재력이 있어요.

두려움을 인정하면 여기서부터 새롭게 시작할 수 있습니다.

08

사소한 일에도
스트레스를 많이 받아요

"사회생활 10년 정도 하면 성격 다 변한다. 나도 예전에는 이러지 않았어."

20대 중반, 성인 초기부터 중년에 이르기까지 쉼 없이 직장을 다니다 보면 자기도 모르게 이런 말들을 하곤 해요. 사회에서 적응하고 살아야 하는 또 다른 자아가 만들어지면서 이제는 진짜 나의 원래 자아가 어떤 것이었는지도 알 수 없게 되죠. MBTI 유형이 자꾸 변하는 것도 이래서일 겁니다.

단순히 업무만 하는 것도 너무 힘든데 거기에 더해 직장 내 대인 관계도 만만치 않게 스트레스가 됩니다. '어딜 가나 진상이 있고 만약 없다면 내가 그 사람인 거다'라는 말이 있을 만큼 어느 곳에나 나를 힘들게 하는 상사나 동료가 꼭 있어요.

그런데 스트레스에는 좋은 스트레스가 있고 나쁜 스트레스가 있거든요. 스트레스를 전혀 받지 않으면 오히려 무기력해지고 우울증에 빠질 수 있다고 해요. 스트레스라는 말 자체가 '팽팽하게 조이다'라는 라틴어에서 유래했고 '긴장감'이라는 뜻이에요. 일을 하거나 사람을 대할 때 이러한 긴장감, 즉 스트레스가 전혀 없으면 어떻게 될까요? 진중함, 조심성, 책임감, 이런 무게감 있는 단어들이 약해지는 거죠. 긴장감이 어느 정도 있어야 일도 잘하고 사람도 예의 있게 대하고 자기 발전에도 도움이 됩니다.

    좋은 스트레스는 '학습된 낙관주의'를 낳고 나쁜 스트레스는 '학습된 무기력'을 낳습니다. 즉 똑같은 사건, 똑같은 사람을 만나도 누구는 그 스트레스를 나에게 좋게 적용시켜서 발전의 원동력으로 삼지만 나쁜 스트레스가 쌓여 '학습된 무기력'이 생긴 사람은 이겨낼 생각도 하지 못하고 그저 스트레스에 당하고 말죠.

능력이 넉넉하면
스트레스를 즐길 수 있어요

'스트레스를 관리'한다는 건 스트레스를 아예 안 받는다는 뜻이 아니라 그 사건, 그 사람을 나에게 어떤 스트레스로 작용시키느냐를 말하는 것입니다.

좋은 스트레스가 되려면 일단 스트레스의 강도가 조금 약해져야 해요. 너무 많이 힘들지 않아야 좋게 작용시킬 수 있으니까요. 어떻게 스트레스 강도를 낮춰서 나에게 좋게 작용시킬 수 있을까요?

우리가 스트레스를 받는다는 건 압박을 느낀다는 뜻이에요. 업무에서 스트레스를 받는다면 자신에게 주어진 업무가 자신의 능력보다 더 크다고 생각해서 압박을 느끼는 거예요.

5억 정도 있는 사람이라면 100만 원짜리 노트북 하나 사는 것에 전혀 압박을 느끼지 않아요. 그런데 500만 원이 있는 사람이라면 100만 원짜리 노트북을 사는 게 엄청 부담스럽고 힘든 일이겠죠.

이와 같이 내 능력에 얼마나 여유가 있느냐에 따라서 내가 맡은 업무를 받아들이는 느낌이 달라져요. 내가 그 정도는 넉넉하게 할 수 있다고 생각하는 사람은 그 일을 하면서 굳이 긴장이나 압박을 크게 느끼지 않고, 따라서 신경이 날카로워지지도 않습니다. 내 능력이 넉넉하고 그 일에 대한 여유가 있으니까요. 이런 사람은 오히려 업무를 즐기죠.

똑같은 일을 해도
왜 난 더 스트레스를 받을까

그럼 똑같은 일을 해도 스트레스를 더 많이 받는 사람은 어떤 사람일까요? 자신의 능력을 부정적으로 평가하는 사람이에요.

직장에서 힘든 일을 시켰을 때 걱정을 많이 하는 사람이 있어요. 그런 사람은 은연중에 내가 잘할 수 없다고 생각해서 위축되고, 그런 자신의 모습을 보면서 또 스트레스를 받아요. 악순환이 일어나는 거죠.

그렇게 자신의 능력을 부정적으로 평가하고 있다면 직장 생활을 하는 게 긴장과 압박의 연속이 될 수밖에 없어요. 그럼 자신의 능력을 긍정적으로 평가하려면 어떻게 해야 할까요? 당연히 기본적으로 실력을 키워야 해요. 실력이 키우려면 성취 경험을 늘려야 합니다. 성공한 경험이 많아야 해요. 그래야 자신에 대한 확신이라는 게 생겨요. 막연한 확신이 아닌 객관적이고 현실적인 확신이 생겨요. 그런 사람은 주어진 일을 할 때 스트레스를 훨씬 덜 받죠. 경험과 능력이 넉넉하니까요.

근데 한 가지 기억할 것은 성취 경험을 늘리려면 그만큼 실패 경험도 늘어날 수밖에 없다는 거예요. 성취를 많이 했다는 건 그만큼 많이 도전했다는 뜻이고, 도전한 모든 것이 성공할 수는 없으니 그만큼 실패의 횟수도 늘어날 수밖에 없죠. 하지만 성공과 실패 모두 실력을 쌓는 밑거름이란 걸 기억해야 합니다. 도전 횟수가 많으면 성공한 사례도 그만큼 많아지고, 또 실수나 실패도 자주 해봤기 때문에 망하는 게 별로 두렵지가 않아져요. 실수에 대한 면역력이 생겨서 치명타를 크게 입지 않습니다.

그렇게 실력을 쌓다 보면 자신의 분야에 대한 전문성이 생기고, 자신감이 생기고, 웬만한 업무로는 압박을 느끼지 않죠.

과거에 받은 스트레스를
현재와 분리하세요

그런데 업무가 아닌 직장 내 대인 관계에서 스트레스를 느끼는 사람이 있어요. 똑같은 사람을 대해도 누군가는 더 스트레스를 받고 힘들어해요. 그건 성격이 유별나서가 아니라 잠재의식의 문제일 수 있어요.

예를 들어서 과거에 아빠한테 늘 혼나고 매 맞고 잔소리를 듣고 큰 사람은 회사에서 아빠의 나이쯤 되는 남자 상사를 봤을 때 굉장히 불편한 마음이 들어 그 사람을 피해 다니게 될 수 있어요.

왜 그럴까요? 아빠에 대한 잠재의식 때문이죠. 그건 내가 모르고 그러는 거예요. 잠재의식이라는 건 개인이 인지하지 못하는 정신 활동이에요. 장기적인 기억, 습관, 자기를 보호하는 기능들이죠. 아빠에 대한 좋지 않은 장기적인 기억이 있고, 아빠를 멀리하고 피해 다니면서 자기를 보호했던 잠재의식이 있는 거예요. 그러니까 지금도 그와 비슷한 사람을 보면 공포심, 불안감이 올라오면서 피하게 되거나 강한 긴장감을 느끼는 거죠.

따라서 우리는 자신의 과거를 돌아보면서 어떤 기억들, 어떤 사건들이 현재의 스트레스로 연결되었는지 생각해 볼 필요가 있어요. 그리고 그 잠재의식 속에 있는 긴장감과 힘들었던 감정을 이제라도 달래주면서 소화시켜야 합니다.

"난 그때 우리 아빠가 너무 무서웠어. 집이 편할 날이 없었어. 잔소리 듣기도 너무 괴로웠고. 충분히 힘들만 했지."

이렇게 그때 힘들었던 어린 나를 위로해 주면서 과거 잠재의식 속의 스트레스와 현재의 스트레스를 분리해 보세요.

"우리 부장님은 우리 아빠가 아니야. 풍채도 닮았고 성격도 비슷한데 김 부장은 김 부장, 우리 아빠는 우리 아빠지. 똑같은 사람이 아니야. 나도 그때의 내가 아니고. 부장님한테 인정받아서 뭐 해? 나는 내 실력과 경험을 쌓으면서 돈을 벌면 되지. 미움도 관심인데 부장님이 뭐라고 미워해. 나한테만 집중하는 게 좋아."

이렇게 과거의 나와 현재의 나를 분리해서 잠재의식의 스트레스가 현재의 스트레스가 되지 않도록 하는 겁니다. 그러나 과거의 트라우마나 상처가 강하다면 과거의 문제가 아닌 여전히 현재에 영향을 미치는 문제일 수 있으니 상담을 받는 것을 추천합니다.

회사에서 자꾸 스트레스를 받는다면 이것만 기억하세요

간편하게 회사에서 받는 스트레스를 관리하는 방법이 있어요. 출근해서 의자에 앉자마자 감사한 것 하나씩을 생각하고, 퇴근하려고 일어서기 전에 내가 잘한 것, 뿌듯했던 것 하나씩을 생각하는 거예요. 어디에 기록을 하면 좋습니다. 즉, 나의 부정적인 관점을 바꾸는 작업이죠.

감사는 뇌의 호르몬과 신경전달물질을 바꿔주고, 긍정적 감정을 느끼는 두뇌를 활성화시킵니다. 암 환자도 감사일기로 암을 고친다고 하죠. 그러나 안 하던 걸 습관으로 들인다는 게 참 쉽지 않아요. 매일 하면 좋지만 잘 안 된다면 일주일에 한

번 월요일만이라도 해보세요.

- **출근하자마자 의자에 앉아서 감사하기**: 오늘 두 다리 멀쩡하게 걸을 수 있어서 감사하다. 지하철 안 놓치고 와서 감사하다. 충치 도 없이 아침밥을 꼭꼭 씹어 먹고 올 수 있어서 감사하다. 어제 과음을 했는데도 오늘 결근하지 않을 수 있는 체력이 있어서 감 사하다.

- **퇴근하기 전에 자랑스럽고 뿌듯한 것 생각하기**: 오늘 김 대리 이 야기에 공감해 준 것 참 잘했다. 오늘 부장님 아재개그에 웃어준 연기는 정말 메서드였다. 오늘 점심시간에 눈치껏 행동한 건 정말 센스 있었다. 오늘 나의 업무는 이 회사를 유지하는 데 작지만 한 몫한 거다.

이런 식으로 우리가 당연하게 여기던 것들에 대한 관점을 바꾸는 겁니다. 누군가에게는 이러한 소소한 일상들이 전혀 당연하지 않잖아요. 작은 일상에 감사하기 시작할 때, 작은 일 에 스스로를 칭찬하기 시작할 때 마음에 기쁨이 생기고, 여유 가 생기고, 사람을 보는 시각이나 세상을 보는 눈이 달라질 수 있어요. 이런 사고방식을 가진 사람은 나쁜 스트레스를 좋은 스트레스로 바꿀 수 있고, 오히려 스트레스를 자기 발전의 원동력으로 만들어버려요. 멋지죠?

그리고 이미 받은 스트레스를 풀어주는 것도 중요합니다. 스트레스를 받으면 부신이라는 내분비기관에서 호르몬을 분비하거든요. 그게 우리 몸을 전투태세로 바꿔서 근육이 뭉치고 불면증, 두통, 탈모, 만성피로 등을 일으켜요. 그래서 스트레스를 일으키는 사건을 당장 해결할 수 없다면 그 부신 호르몬을 소모시켜 줘야 합니다. 가장 좋은 방법은 바로 운동이에요. 근육을 쓰면 이 호르몬이 소모돼요. 힘들수록 스트레스 관리로 꼭 운동을 하셔야 몸이 덜 망가지고 문제를 해결할 수 있는 신선한 아이디어들도 떠오릅니다.

회사 생활로 스트레스를 받을 때는 다음을 꼭 기억하세요.

1. 좋은 스트레스는 '학습된 낙관주의'를, 나쁜 스트레스는 '학습된 무기력'을 낳아요.
2. '스트레스를 관리'한다는 것은 좋은 스트레스가 되도록 강도를 낮추는 거예요.
3. 성취 경험을 늘려 실력을 키우면 스트레스를 줄일 수 있어요.
4. 과거에 내가 받은 스트레스를 달래주고 위로해 주세요.

성공도 실패도 모두 실력을 쌓는 밑거름이에요.

일상에 감사하고 스스로를 칭찬하는 습관을 들이면 세상을 보는 눈이 달라집니다.

09

한번 화가 나면
참기가 힘듭니다

"이번 한 주도 정말 다사다난했어요. 아빠랑 싸우고, 동생이랑 싸우고, 남편이랑도 싸웠어요. 남편이 저보고 이런 일은 어쩌다 한번 일어나야 하는데 어떻게 주변에 이렇게 싸움이 자주 일어날 수 있냐고 그게 제 탓이라는 거예요. 너무하지 않아요? 저는 정말 억울해요. 정말 그들이 잘못한 거란 말이에요."

주영 씨는 오늘도 폭발 상태였습니다. 주영 씨는 늘 화가 나 있어요. 일주일 동안 시비가 참 많고 화도 자주 납니다. 남편과는 거의 매일 싸워요. 본인 스스로 감정이 미성숙하고 충동을 억제하기 어려워한다는 것을 알고는 있지만 자신도 많이 당하는 거라는 생각에 억울하기만 합니다. 참기만 하는 게 능사도 아니고 할 말을 하는 것뿐이며, 주변 사람들이 너무 이해가 되지 않는다고 토로하면서 주영 씨는 정말로 이게 다 자기 성격 탓이냐고 저에게 물었습니다.

"상담받기 전에도 이런 일은 종종 있었지만 주영 씨는 상담을 받으면서 유독 싸움이 빈번하네요. 왜 그럴까요?"

저는 주영 씨가 스스로를 통찰하고 자신만의 답을 찾기를 기다렸습니다.

"저도 그 생각을 했어요. 상담받으면 좋아져야 하는데 왜 저는 성질이 더 더러워지고 싸움이 갈수록 더 커지는 걸까요? 상담을 받으면서 제 안에 있던 화가 밖으로 나오나 봐요. 사실은 제 안에 엄청나게 큰 화가 있었는지도 몰라요."

참 반가운 대답이었죠. 아무리 주변에 이상한 사람이 많다고 해도 이렇게까지 싸우면서 살지는 않아요. 무의식에 있던 깊은 분노가 상담을 받으면서 의식으로 올라온 거고 그건 반가운 겁니다. 의식으로 올라왔으니 이제 그 분노를 만나고 다룰 수 있게 된 거예요. 그러면 어떻게 분노를 다스릴 수 있을까요?

분노는 알고 보면
나를 지키고 싶은 마음이에요

    먼저 알아둘 것은 분노 자체는 나쁜 감정이 아니라는 거예요. 분노는 일종의 에너지고 화가 난다는 건 그만큼 내가 에너지가 있는 사람이라는 뜻이죠. 진짜 기운이 없는 사람은 화조차 나지 않거든요. 모든 감정에는 우리에게 주는 메시지가 있고 필요에 의해서 감정이 올라오는 겁니다. 불의하고 억울한 일을 당하고도 분노하지 않는다면 계속 당하고 사는 거잖아요. 그래서 분노도 필요한 감정이지만 너무 지나쳐서 나와 주변 사람을 힘들게 할 만큼 조절이 안 된다면 고쳐나가야 합니다.

    나의 화는 어떤 화일까요? 분노에도 종류가 있어요. 가만히 잘 있다가 갑자기 폭발하는 분노, 반대로 차곡차곡 쌓여서 어느 날 폭발하거나 계획적으로 복수하는 분노, 혹은 누군가가 나의 자존심이나 정체성을 건드렸을 때 또는 내 신체에 위협을 가했을 때 나타나는 분노, 또 겉으로는 무던해 보이지만 사실은 속으로 삭히고 체념하고 있는 분노, 외로움이나 불안함, 초조함을 견디지 못할 때 올라오는 분노가 있어요. 불안을 불안으로 느껴야 하는데 분노로 느끼는 사람이 적지 않죠.

여러 가지 종류의 분노는 결국 다 무슨 의미일까요? 나를 지키고 싶은 거예요. 내가 존중받고 싶고 안정적으로 소속되고 싶은 겁니다. 그런 중요한 것들에 손상을 받았을 때 우리는 견딜 수 없는 감정의 변화를 겪으며 결국 폭발하게 되죠. 위협적인 상황, 억울한 상황에서 나를 지키고자 하는 마음은 꼭 필요하지만, 문제는 위협적이지도 않고 그렇게 억울한 상황이 아님에도 본인이 스스로 위협을 받고 있고 매우 불공평한 상황에 처해 있다고 생각하는 경우입니다.

사람과 세상에 대한 왜곡된 인식에 빠져 자신이 시도 때도 없이 계속 비난당하고 무시당하고 있다고 믿는 경우죠. 그러면 언제 공격을 받을지 모른다는 적개심과 경계심을 품고 세상을 살아가게 돼요. 이 위협적인 세상으로부터 나를 지켜야 한다는 마음으로 매일을 산다면 누군가가 던진 작은 말 한 마디도 공격으로 받아들여 화가 날 수 있겠죠. 겁이 많은 개일수록 별 뜻 없이 지나가는 사람들을 향해 크게 짖는 것처럼요.

분노를 폭발시키는 대신
성숙하게 표현하는 방법

그래서 이 분노를 조절하기 위해 먼저 알아야 할 것은, 분노는 두 가지가 만날 때 폭발한다는 거예요. 내가 신체적으로나 정신적으로 고통이 어느 정도 차 있는 상태에서 어떤 사건을 만나게 되면 분노가 폭발합니다. 폭탄을 품고 있었는데 심지에 불을 붙일 라이터를 만나서 폭발하는 거죠. 똑같은 농담을 들어도 언제는 너무 화가 나고 언제는 괜찮거든요. 현재 내 몸과 마음이 어느 정도로 스트레스와 고통 속에 있느냐에 따라서 달라집니다.

그렇다면 누가 나한테 어떤 잘못을 했을 때 정말로 그 사람이 인간 말종이라서 그런 건지 아니면 지금 내가 스트레스와 고통을 심하게 받고 있어서 그런 건지 생각해 봐야 해요. 무턱대고 다른 사람을 비난하고 성질을 부리는 것보다 내가 화가 나는 이유를 정확하게 먼저 떠올릴 수 있어야 해요. 그것이 나를 다스리는 길이에요.

정말로 우리 대리님이 그렇게 나쁜 사람인가? 나 말고 다른 모든 사람이 다 대리님을 나쁜 사람이라고 생각할까? 정말로 우리 딸, 우리 아들, 우리 남편, 우리 아내가 내 인생을 갉아먹는 인간 말종일까?

나를 화나게 하는 사람에게만 100퍼센트 문제가 있는 건 아닐 수 있어요. 지금 뭔가 내 내면에 해소되지 않은 긴장감과 스트레스가 쌓여 있고 다만 그때 그 사건을 만난 것뿐이에요. 그래서 내 스트레스와 고통을 먼저 해결하는 것이 분노를 조절하는 데 도움을 줍니다.

그리고 분노가 폭발하기 전에 내 몸이 어떻게 느끼는지 알고 있어야 해요. 나는 폭발 직전에 열이 오르는구나, 손이 떨리는구나, 심장이 빨리 뛰는구나, 입이 바짝 마르는구나, 배가 아프구나, 근육이 뭉치는구나, 가슴이 막히고 숨이 차구나. 이런 나만의 신체 신호를 통해서 내 폭탄에 불이 붙기 직전이라는 사실을 미리 안다면 폭발을 막을 수 있어요.

그런 신호를 느끼면 일단 그 자리를 피하거나 잠깐 혼자만의 시간을 갖는 것이 가장 쉬운 방법이에요. 혼자 다른 곳에 가서 스트레칭을 하거나 심호흡을 하면서 근육을 이완시켜 줍니다. 한숨 돌리고 나면 생각이라는 걸 할 수 있게 돼요. 결국 감정이라는 것은 어떤 사건 그 자체보다도 사건에 대한 나의 해석에서 비롯된 것이기 때문에 한숨 돌린 후에 그 사건을 다른 각도로 생각해 보면 분노를 다스릴 수 있어요. 그렇게 생각을 바꾸기 위해서는 먼저 몸을 이완시켜야 돼요. 생각할 수 있도록 뇌에 산소를 넣어주세요.

그러고서 어떻게 생각하면 될까요? 지금 화를 내는 것은 아무짝에도 도움이 되지 않아. 이건 화를 낼 문제가 아니라 해결해야 할 문제야. 분노 자체는 잘못된 게 아니지만 충동을 다룰 수 있는 조절 능력은 필요한 거야. 지금 폭발하면 문제가 더 심각해질 뿐이야. 성숙하게 표현하자. 나는 분노를 적절하게 다룰 수 있어.

하지만 아무리 많이 생각해도, 시간이 지나도 분노가 해결되지 않는다면 내 입장에 대해 상대방에게 합리적으로 말해볼 수 있겠죠. 시간을 갖고 이완을 시켰기 때문에 감정적으로 퍼붓는 게 아니라 말을 준비해서 해결 방안을 찾기 위한 합리적인 대화를 시도할 수 있어요. 상대방을 모함하고 비난하는 말을 하지 않고 그저 현재 이 사건에 대한 묘사와 내가 원하는 바를 간략하게 말하는 겁니다.

"당신은 지금 나보다 1미터 앞에서 혼자 걷고 있어. 나는 같이 걸으려고 나왔거든. 같이 나란히 걷자."

이렇게 말하면 되는데 감정 조절에 미숙한 사람은 매일 참고 참다가 쌓일 대로 쌓인 상태에서 다른 일로 화를 폭발시킵니다.

"왜 양말을 여기에 벗어놓은 거야? 당신이랑 사는 내가 너무 불쌍하다. 이렇게 더럽고 게으르고 생각 없는 사람을 왜 몰라봤을까, 내가 눈이 삐었지."

그러면 상대방은 황당할 수밖에 없어요. 어제만 해도 그 양말을 보고 아무 말도 안 하던 사람이 갑자기 왜 저럴까 싶어요. 사실은 아까 산책 나갔을 때 또 혼자 앞서 걸어서 화가 난 거면서 자기가 왜 그렇게 화가 났는지도 모른다니까요.

그때그때 기분 나쁘지 않게 표현을 하면 이런 일이 생기지 않습니다. 표현하지 못하는 이유는 갈등이 두려워서인데, 아이러니하게도 참는 게 더 큰 갈등을 야기하죠. 표현은 싸움이 아니라 개선입니다. 나랑 같이 걷자고 제안하는 거지 싸우자는 게 아니에요. 표현하기를 너무 두려워하지 마세요. 참는 것은 폭탄을 품고 사는 겁니다.

분노에 먹이를
주지 마세요

분노가 잘 일어나는 사람은 자기표현이 서툴기도 하지만 반추를 잘해요. 계속 그 사건을 곱씹어요. 왜 그 일이 일어났을까? 도대체 그건 무슨 의미일까? 하는 반복적인 생각이 내 폭탄에 계속해서 라이터를 대고 있어요. 분노에 계속 먹이를 주고 있는 거예요. 그렇게 점점 더 기분이 상하면 그 문제가 견딜 수 없이 큰 문제로 보여요. 그래서 이 반추를 멈추어야 해요. 그만 생각할 수 있어야 해요.

그러려면 다른 사람에게 감정을 털어놓으면서 상의하거나, 혼자 종이에 써보면서 생각을 정리하고 정화시켜 보는 게 좋아요. 그 사람의 입장에서 생각해 볼 수 있는 역지사지 공감의 태도를 기르는 거죠.

분노가 잘 일어나는 사람은 반추를 하면서 또 과장을 잘하기도 해요. 점점 처음보다 심각한 사건, 더 나쁜 말, 더 나쁜 사람으로 과장해요. 그리고 그런 언어를 쓰면서 화를 키웁니다. 카페에서 직원이 실수로 라테를 아메리카노로 줬는데 마음속으로든 겉으로든 '저런 머저리 같은 인간, 나는 지지리 운도 없지, 왜 하필 내 차례에 저 직원이 일을 해서는…'과 같은 파국적인 언어를 쓰고 과장해서 생각한다면 감정이 더 격해지고 스스로 화를 키우게 됩니다.

그렇지만 '손님이 많아서 실수했나 보다, 아 신입사원이라서 조금 버벅거리나 보네' 하고 생각하면 그렇게 화가 날 일이 아니죠. 이해심 많은 착한 사람이 되라는 게 아니라 내 감정에 내가 잡아먹히지 말자는 거예요.

'오늘은 영희가 조별 모임에 오지 않았다. 단톡에도 대답이 없다.' 여기까지만 하세요. '그래서 그년은 나쁜 년이야. 나는 지지리도 조 편성 운이 없어.' 이런 반추, 과장, 파국적인 언어는 쓰지 말자는 거죠.

이렇게 사실만 묘사한 다음에 이 문제를 어떻게 해결해 나갈지를 고민해 보는 거예요. 영희에게 어떻게 말을 해야 잘 해결할 수 있을까 생각하는 거죠. 영희를 비난하면 내 기분이 풀릴 것 같지만 의외로 화가 더 많이 날 수도 있어요. 내가 영희로부터 받는 스트레스를 어떻게 해결할 수 있을지, 영희한테 내 마음을 어떻게 표현할지, 톡으로 적어보든가 말로 연습을 해보는 등 해결 방법을 찾는 것 위주로 시간을 보내세요.

분노는 무조건 참기보다는 효과적으로 표현하는 것이 좋습니다. 물론 쉬운 일은 아니지만 불가능한 일도 아니에요. 나는 바뀔 수 있다는 희망을 갖는 것이 가장 중요한 첫걸음입니다.

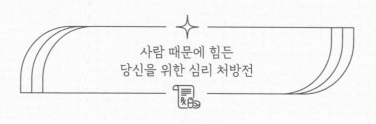

사람 때문에 힘든
당신을 위한 심리 처방전

분노가 심해질 때는 다음을 꼭 기억하세요.

1. 분노 자체는 나쁜 감정이 아니에요.

2. 분노가 지나치지 않도록 나의 화가 무엇을 의미하는지 가만히 들여
   다보세요.

3. 그때그때 부드럽게 표현하면 분노를 폭발시키지 않을 수 있어요.

4. 반추, 과장, 파국적인 언어 대신 사실만 묘사한 다음 해결책을 고민
   해 보세요.

분노는 무조건 참기보다 효과적으로 표현하는 게 좋아요.

나는 바뀔 수 있다는 희망을 갖는 것이 가장 중요한 첫걸음
입니다.

3부

감정이
상처가 되기 전에

요즘 유튜브를 열면 '피해야 할 사람 유형', '가까이 하면 안 되는 사람'
과 같은 제목의 영상을 참 쉽게 볼 수 있어요. 그런 영상을 보면 무슨 생
각이 드시나요? 저는 솔직히 '세상에 이런 사람이 얼마나 많은데 다 거
르지?' 혹은 '나도 이런 면이 조금 있는 것 같은데?' 하는 생각이 들어
요. 그래서 제 채널에는 그런 영상을 올리지 않고 반대로 그런 사람을
대상으로 하는 영상을 올립니다. 피해야 할 대상들, 멀리해야 할 대상
들에게 말씀드리고 싶어요. 왜 그렇게 됐는지, 당신도 어쩔 수가 없었
다고, 당신도 가엽다고, 그러나 계속 그렇게 살 수는 없으니 변화해 보
자고 말이에요. 3부는 그런 내용을 담고 있어요. 여러 가지 성격장애를
다루지만 실제로 성격장애는 이런 책을 읽고 변하지는 않을 거예요. 이
책을 읽으시는 분이라면 성격장애라기보다는 그런 성격 성향을 가지신
분들일 거예요. 그리고 그런 사람은 굉장히 많습니다. 당신만 그런 사람
이 아니라, 누구나 조금씩은 그런 성향이 있으니 우리 3부를 읽으면서
너무 부끄러워하지 말고 자기에 대한 이해를 넓히고 변화를 다짐해 보는
계기로 삼도록 해요.

10

나 외에는 아무도
믿을 수 없어요

30대 후반인 주연 씨는 20대 후반부터 지금까지 직장 생활을 했지만 한 직장을 오래 다니지 못하고 꽤 여러 번 이직을 했어요. 주연 씨도 버티려고 애를 썼겠지만 퇴사할 수밖에 없을 정도로 고통을 받아서 어쩔 수가 없었겠죠.

"사람들이 저를 무시해요. 저에게 하는 질문이나 행동, 눈빛을 보면 알 수 있어요. 괜히 조롱을 하고 창피를 주려고 해요. 그러니 제가 직장에서 버틸 수가 없는 거예요. 다니는 직장마다 다 그래요. 직장 생활이 정말 끔찍한 건 다 사람들 때문이에요."

"맞아요. 직장 생활 버티기가 정말 힘들죠. 구체적으로 어떤 말이나 행동이 떠오르세요?"

"제 옆에 있는 직원이 굳이 저를 두고 반대편 사람에게 말을 해요. 저한테도 물어볼 수 있는 업무인데 왜 꼭 반대편 사람에게만 말을 하죠? 저를 따돌리고 무시하는 거잖아요."

"기분이 나쁘셨겠네요. 그 직원이 주연 씨에게는 아예 말을 안 하나요?"

"해요. 그런데 업무 관련 질문은 하지 않아요. 제가 자기보다 입사가 늦은데 더 일을 잘하는 것 같으니까 견제하는 거예요. 그것 말고는 이유가 없어요."

옆자리 동료는 주연 씨가 입사하기 전에 늘 반대편 동료에게 업무에 대한 질문을 해왔었겠죠. 주연 씨가 들어오기 전부터 했던 대로 하는 것뿐인데 주연 씨는 이 모든 일을 자기와 연관 지어 자신을 따돌리는 거라고 굳게 믿고 있었어요. 평소에 대화를 하고 있다는 것은 인지하려고 하지도 않고요. 업무 관련 질문을 하지 않는다는 것에 완전히 꽂혀서 자기를 따돌리고 있다는 증거만 찾았고 민감하게 반응했죠.

주연 씨는 평소에도 세상에 대한 분노와 불만이 가득해 보였어요. 목소리는 나름대로 차분하고 감정을 정리한 듯 보였지만 언어 표현은 굉장히 과격했어요. 직장 동료들이 모두 의도적으로 주연 씨를 무시하고 뒤에서 쑥덕거리고 조롱한다고 생각했지만 정황을 상세하게 물어보면 제3자인 제가 봤을 때는 의도적인 것이 맞는지 납득하기가 어려웠어요. 그러나 주연 씨는 너무나 크게 상처를 받으며 매번 직장을 옮겨 다녔고 다니는 곳마다 이런 상처를 반복적으로 받았죠.

모두를 적으로
돌리는 사람들

의심이 많고, 피해의식이 있는 사람은 친절하면 친절한 대로, 불친절하면 불친절한 대로 악의가 있다고 생각하고 적대감을 가집니다. 친절하면 무슨 의도로 저러는 걸까, 불친절하면 나를 공격하는구나 하면서요. 세상 모든 것이 자신에게 불리하게 돌아가며, 자신은 항상 피해자라고 여깁니다. 거의 모든 상황을 있는 그대로 보지 않고 의심의 틀에 넣고 봅니다. 이러한 성격이나 성향을 '편집성 성격'이라고 해요.

사람은 누구나 자신을 보호하기 위해서 의심을 하고, 그 의심을 통해 실제로 안전과 생명을 지키기도 해요. 그러나 그게 얼마나 심하게, 얼마나 지속적으로, 얼마나 경직되고 융통성 없게 나타나느냐가 문제입니다. 그리고 의심하는 내용이 누가 들어도 납득할 만큼 합리적인 것인지에 따라 심리적인 증상인지 일반적인 상식인지 판단해 볼 수 있겠죠.

이들은 의존하는 것을 싫어하는데, 사람을 믿지 못해서이기도 있지만 누군가에게 의지하면 자신이 약하고 열등한 것처럼 보일 거라고 생각하기 때문입니다. 그래서 자신만 자신을 지켜야 한다고 여기고, 자율성과 통제권을 잃어버리는 것을 매우 두려워해요. 그러다 보니 누군가와 협력하는 것을 너무 힘들어해요. 그 속내를 알 수 없다고 생각하니까요.

더욱 힘든 순간은 자기보다 더 강한 힘에 통제받거나 굴복해야 하는 때예요. 그러면 이들은 매우 불안해합니다. 그 불안은 보통 분노로 표출이 되는데, 그래서 세상에 대해 화가 많이 나 있어요. 그런데 사회생활 하다 보면 권위에 따라야 할 때가 있잖아요. 그럴 때 이들은 환상을 만들어내기도 해요. 내부로부터 스스로에게 권위를 부여해서 심리적인 보상을 얻고 자기가 뭐라도 된 것 같은 상상을 하는 거예요. 그러면 실제보다 훨씬 더 매력적인 자신의 이미지를 품고 살아갈 수 있어요. 권위에 굴복하는 자기 자신에게 주는 심리적 보상이죠.

이들의 망상이 거기서 멈춘다면 뭐가 그리 문제겠어요. 진짜 문제가 되는 망상은 어떤 사건이나 사람들을 만성적으로 끊임없이 의심하는데, 한번 의심하기 시작하면 자신의 예상을 확증하기 위해서 계속 단서를 찾고 끄집어낸다는 겁니다.

그런데 본인이 의심을 하고 있다는 걸 몰라요. 이들에게 의심은 사실이기 때문에, 의심을 하고 있다는 걸 거의 인지하지 못합니다. 촉이 좋다고 믿겠죠. 게다가 타인과 잘 어울리지 않으니 이런 마음을 누구와 상의하지 않을 거고, 자신의 망상 속에만 갇혀 있으니 그 생각이 틀렸다는 것을 확인할 길이 없어요. 어차피 누가 그 의심은 틀렸다고 말해줘도 다른 사람들의 생각을 받아들이지 않습니다. 그것이 사실인지 판단할 자격이 있고 믿을 수 있는 사람은 오직 자신이기 때문에 자신의 의심은 확실한 사실이 됩니다.

그러다 보니 얼마나 긴장과 스트레스 속에 살겠어요. 내 모든 직장 동료는 다 적이고, 내 친구도 다 적이에요. 이 세상은 지뢰밭이라 늘 완전무장을 하고 살얼음판을 걷듯이 살아야겠죠. 그래서 자주 싸우고, 까다롭게 굴고, 논쟁도 잘해요. 못마땅한 것이 굉장히 많습니다. 대인 관계 안에서 늘 숨겨진 의도를 찾아내려 하면서 스스로 분노합니다.

의심과 적대감 안에
숨겨진 두려움

사실 그 적대감과 공격성 안에는 두려움이 있어요. 통제권과 자율성을 잃을지 모른다는 두려움, 언제 어떤 공격을 받을지 모른다는 두려움 때문에 공격적으로 대응하는 거예요. 그래서 그런 사람들은 극심한 두려움을 느끼면 더욱 공격 자세로, 그 두려움이 지나가고 어느 정도 평정심을 찾으면 방어 자세로 살아갑니다.

그러면 주변 사람들은 어떻게 느낄까요? 연인이 약속 시간에 3분만 늦어도 바람을 피우고 있다고 의심한다면 그 연인은 얼마나 버티기가 힘들까요? 어쩌다 한두 번이 아니라 만날 때마다 주변 사람을 의심하고 자신이 피해자라며 격분한다면 그 옆에서 누구라도 버티기가 힘들고 화가 나겠죠. 사랑해도 화가 나요. 그래서 거리를 두려고 하면 역시나 자신의 예상이 맞았다면서 의심이 확신이 되었다고 생각해요. 자기가 그렇게 만들었다는 건 전혀 인지하지 못합니다.

이들은 왜 이렇게 계속 의심을 할까요? 그 의심의 내용은 거의 모두 자기랑 연관이 있어요. '나를 공격하려는 거야. 나

를 미워하는 거야. 나를 이용하는 거야.'

예를 들어, 직장 동료들과 같이 차를 마시다가 한 명이 잠시 화장실에 간다고 일어나면 '내가 여기 끼어 있는 게 싫어서 저러는 거야'라고 생각해요. 이성 친구가 자신의 연애 이야기를 하면 '내가 자기를 좋아하는 줄 알고 일부러 나한테 애인 얘기를 하는구나' 이렇게 자기와 연관 지어 의심을 해요. 이러한 증상들은 모든 사람, 모든 일에 자기를 연관 지음으로써 자기결정권을 느끼고, 정체성을 느끼려는 무의식에서 비롯될 수 있어요. 이러한 정체성에 대한 욕구는 자만심으로 나타나기도 해요. 자신에게는 비범한 능력이 있다고 믿기도 하죠. 다른 사람의 마음을 다 꿰뚫어 보는 능력도 있다고도 믿고요. 그래서 더욱 아무에게도 의지하려고 하지 않아요.

그러나 이건 자존감이나 자신감이 전혀 아닙니다. 이들은 내면적으로 매우 불안정해요. 아주 작은 위협에도 크게 두려워하고 상처를 많이 받아요. 그래서 더욱 자신의 힘을 과시하고 싶어 하며 권위에 따르지 않으려고 합니다. 사실 진짜로 자신감 있고 자존감이 높은 사람은 상대방을 그렇게 경계하거나 자신을 과하게 방어하지 않습니다. 타인의 말과 행동에 크게 영향을 받지 않기 때문이죠. 자기 안에 무너지지 않는 중심추가 무겁게 있는 거예요. 그러나 편집성 성격인 사람들은 그 중심추가 자기 안에 없기 때문에 그저 경계를 하면서 생존하려고 합니다.

내가 느끼는 것이
모두 사실은 아니에요

이들의 적대감 속에는 두려움이 있다고 했잖아요. 그 두려움이 왜 생겨났을까요? 이들은 어릴 때 가정 분위기가 대체로 권위주의적이고 비판적이었을 거예요. 부모가 냉담하고 요구가 많고 변덕스러운 태도로 양육했을 수 있고, 부모 자체가 의심과 경계심이 많은 사람일 수 있어요. 혹은 심리적, 신체적으로 학대를 받았거나, 폭력적이거나 아이를 괴롭히고 울리면서 즐기는 부모 밑에서 컸을 수 있어요.

이러한 부모 밑에서 큰 아이는 누군가 나를 주시하고 있고 판단하고 있다는 두려움을 안고 자랍니다. 사랑과 증오라는 두 상반된 감정을 동시에 느끼면서 조절하지 못하죠. 그러면서 다른 사람들의 동기와 생각을 이해하는 방법도 배우지 못해요.

이런 것을 사회성이라고 하죠. 사회성은 가정 안에서 학습되는 것인데 그 부분이 결여된 겁니다. 사소한 일도 혼자 오해하고 의심하지만, 그 누구도 그걸 바로잡아 주지 않은 거예요.

그래서 결국 편집성 성격의 심리 치료 목표는 문제의 원인이 외부에 있지 않고 자신의 내부에 있음을 인식시키는 거예요. 상대방에 대해서 내가 그렇게 느끼는 거지 그게 사실은 아니라는 걸 깨닫는 게 목표입니다. 의사나 상담사와 같은 전문가와 함께 하는 것이 좋은데 문제는 전문가 역시 신뢰하지 않는다는 거죠. 이 책을 보면서도 이 편집성 부분에서 화가 나 일찍 책을 덮었을지 몰라요. 냄비 받침대로도 못 쓸 거예요. 겉표지라도 눈에 보이면 화가 날 거거든요. 그래서 편집성 성격 영상에는 유독 악플이 많이 달려요.

그렇다고 평생 이렇게 방어와 공격만 하며 살아야 할까요? 선택해야 돼요. 저는 주연 씨에게 말했어요.

"사람들이 주연 씨를 계속 이용하고 무시하게 두시겠어요? 아니면 그러지 못하게 변화하시겠어요? 이건 선택의 문제예요. 주연 씨가 변화하겠다고 선택하면 사람들은 앞으로 주연 씨를 무시하지 않겠지만, 생각보다 그 변화를 선택하기가 쉽지 않거든요. 그래서 진중하게 여쭤보는 거예요. 저는 주연 씨의 선택을 존중할 거예요."

"달라지고 싶어요. 할 수만 있다면요."

"좋아요. 그렇게 선택했으면 분명 그렇게 되실 거예요."

> 충분히 애쓰고 산 나를
> 먼저 인정해 주세요

저는 실제로 주변 동료들이 주연 씨를 따돌렸다고 생각하지 않지만 저렇게 질문했던 이유가 있어요. 주변 사람을 바라보는 주연 씨의 생각이 달라지면 더 이상 따돌림당하고 있지 않은 상태가 되니까요. 자기를 따돌리고 있다고 굳게 믿고 사람을 대하면 시작은 그런 게 아니었더라도 자연스럽게 따돌려져요. 스스로 어울리지 못하죠.

'이 모든 것이 나의 착각이구나. 나는 지금까지 무시당한 게 아닐 수 있는데. 나를 따돌리려고 앞사람과 이야기한 게 아닐 수 있는데'라는 걸 먼저 알아야 해요.

근데 이걸 깨닫는 과정에서 우울증이 올 수 있어요. 숨겨져 있던 나약함을 점점 마주하고, 남의 마음을 꿰뚫어 보는 나의 능력이 고작 망상이었다는 걸 안다는 건 결코 기분 좋은 일이 아니니까요. 그러다 보니 병원을 다니거나 상담을 받는 중에 '이 치료사 때문에 내가 우울증에 걸렸다'는 생각을 하며 또 분노에 차서 치료를 그만둘 수 있어요. 그러니 치료 과정 중에는 우울증이 올 수 있다는 점을 꼭 유의하셔야 합니다. 쉽지 않을 수 있어요. 그래서 제가 선택해야 한다고 말한 거예요. 평생 의심과 경계 속에서 외톨이로 살 건지 아니면 몇 개월, 길면 몇 년간은 우울할 수 있지만 그 이후로는 건강한 관계를 맺으면서 살아갈 건지 자신에게 진중하게 질문하고 선택하세요.

그리고 치료의 출발은 자존감을 높이는 것입니다. 이 모든 문제는 부정적인 자기개념, 열등감, 낮은 자존감에서 출발한 것이기 때문이죠. 출발은 자존감을 높이는 것, 도착지는 나의 피해의식과 망상과 의심을 깨닫는 것입니다. 근데 자존감을 높이는 게 참 어렵잖아요? 우리 목표를 너무 높게 잡지 말아요. 아주 가볍게 시작해요. 나의 장점을 찾고, 내가 지금도 충분히 애쓰고 살았다는 사실을 먼저 인정해 주세요.

직장 내 관계 때문에 아주 여러 번 이직을 한 주연 씨에게 저는 말했어요.

"누구는 살면서 한 번 취업하기도 어려운데 이렇게 많이 이직을 했다는 건 취업에 그만큼 많이 성공했다는 거잖아요. 그만큼 일을 잘하고 능력이 있으신 거죠. 게다가 가는 곳마다 사람 때문에 힘들다고 하면서도 쉬지 않고 계속 일하시고요. 자신의 힘든 마음을 포기하지 않고 이렇게 상담도 받으시고. 주연 씨는 정말 최선을 다하고 있네요."

여러분도 스스로에게 이렇게 진심 어린 칭찬과 응원을 해주세요. 충분히 애쓰고 있잖아요. 그러니 이 책도 읽고 있는 거잖아요. 아직 책을 덮지 않았고, 냄비 받침으로 쓰지도 않고 이렇게 읽어나가는 자체가 이미 애쓰고 있는 거잖아요. 잘하고 있는 거예요. 자신에게서 비현실적인 능력을 찾으려 하는 대신 지금 내 모습 그대로를 보면서 지금도 정말 최선을 다했노라 말해주고, 내 어린 시절을 위로하면서 잘 버텼고 여기까지 잘 왔다고 말해주세요.

그리고 누군가에게 화가 나고 의심이 들 때마다 노트에 적으세요. 날짜와 사건, 그에 대한 나의 감정과 느낌을 적으세요. 물론 그게 의심이 아닌 사실이라고 생각해서 적어야 된다는 생각을 못 할 수도 있어요. 그러면 그냥 기분이 나쁘고 화가 날 때마다 다 적으세요. 내가 얼마나 빈번하게 남을 적대시하고 의심하고 있는지 체크할 수 있을 테니까요. 그리고 나의 의심이 정말 사실인지 지켜보면서 기록하세요.

'우리 과장님이 나에게 화를 냈다. 나를 지방으로 발령 내거나 자를 거야'라는 생각이 든다면 정말 과장님이 그렇게 하는지 잊지 말고 꼭 체크하세요. 왜냐하면 의심을 하는 사람은 자신의 의심대로 된 것만 부각시켜 기억을 하고, 그 반대로 된 것은 아예 생각도 안 하거든요. 그러면 틀릴 때도 많았는데 그건 체크가 안 되는 거잖아요.

그러니 의심이 든다면 편하게 의심하되, 전부 다 기록을 하고, 과연 내 의심대로 됐는지까지 살펴보세요. 그리고 '다른 사람은 이 상황에 대해 나와 같이 생각할까?' 하는 부분을 한번 생각해 주세요. 이야기를 나눌 수 있는 사람이 있다면 꼭 한 번 그 이야기를 나눠보세요.

편집성 성격이라고 해서 평생 혼자 경계하고 의심하고 화내면서 살아야만 하는 운명은 결코 아닙니다. 사회성이 뛰어난 사람으로 완전히 바뀌지는 못해도 어느 정도 사회생활을 영위할 수 있는 정도로 극심한 증상들을 완화시키고 건강하게 사람을 만나면서 살 수 있어요. 성격을 바꾸는 건 오랜 시간이 걸려요. 하지만 길게 잡고 멀리 보자고요. 여러분은 타인과 함께 어울리며 행복하게 살 자격이 있습니다.

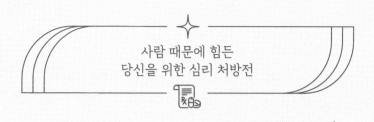

사람 때문에 힘든
당신을 위한 심리 처방전

의심이 심해질 때는 다음을 꼭 기억하세요.

1. 의심이 많고 피해의식이 있는 사람은 악의에 차서 자신을 피해자라
   여겨요.
2. 사실 그 적대감과 공격성 안에는 두려움이 있어요.
3. 이들은 모든 사람, 모든 일을 자기와 연관 짓고 아무도 의지하려 하
   지 않아요.
4. 문제의 원인이 외부가 아니라 자신의 내부에 있음을 깨닫는 게 중요
   해요.

상대방에 대해서 내가 느끼는 것이 전부 사실은 아니에요.
  시간이 걸리더라도 천천히 자존감을 높이면 건강한 관계를
맺을 수 있게 됩니다.

11

스스로를
못났다고 생각하는
내가 싫어요

처음 수영 씨가 상담을 받을 땐 제 얼굴을 보지 못했어요. 눈
도 못 마주치고 제가 고개를 숙이면 그제야 잠깐 저를 보더라
고요. '자신감이 없고 위축되어 있구나'라는 생각이 들게끔 하
는 첫인상이었죠. 그런데 수영 씨가 자신의 문제를 이야기할
때 뜻밖의 말을 하더라고요.

"저는 친구들을 만나면 제 자신이 너무 초라하게 느껴져요.
성격도, 외모도, 직장도 다 그저 그렇고, 친구들은 멋있게 잘 사
는데 저는 그렇지 못해서 열등감이 심해져요. 직장에서 다른
직원들의 성과가 좋을 때도 스트레스가 너무 심해요. 근데 웃
기는 건요. 제가 친구들에게 가끔씩 잘난 척을 해요. 일 잘하는
척, 아는 척이요. 그런 제가 너무 혐오스러워요. 사실은 아무것
도 없고 못난 주제에 남이 그렇게 보는 건 싫어서 잘난 척하고
기회만 되면 남을 깎아내리려고 하는 게요."

수영 씨는 사람들 사이에서 순하고 성실한 사람이었기 때문
에 사람들은 수영 씨가 착한 사람이라고 여겼어요. 그런데 수영
씨는 정말 의외로 가끔 심각한 감정싸움을 했어요. 그 착한 사람
은 어디로 갔는지 가끔 정말 공격적이고 고집스러울 때가 있었
어요. 평소에는 줄곧 수줍어하고 자신의 의견을 말하지 않고 튀
지 않으려고 하는 편인데 어느 날은 제게 이렇게 말하더라고요.

"선생님, 저 사실은 관종이에요. 관심을 받으면 너무 불편한데 한편으로는 참 관심받고 싶어요. 재밌는 사람이 되고 싶고 인기도 많으면 좋겠고 사람들이 저를 찾으면 좋겠어요. 근데 막상 저를 불러내면 너무 피곤해서 나가기는 싫어요."

나를 깎아내리며
관심을 갈구하는 사람들

수영 씨는 어릴 때 관심받고 자라지 못했지만 엄마 말씀은 무척 잘 듣는 착한 딸이었어요. 수영 씨의 남동생이 유별나서 부모님의 모든 관심은 남동생에게 가 있었고 수영 씨는 엄마의 고민을 들어주고 문제를 함께 해결해 주는 역할을 했죠. 그것이 수영 씨가 엄마랑 진중하게 대화할 수 있는 유일한 소통거리였으니까요. 수영 씨의 감정이나 생각, 요구는 엄마에게 감히 말할 생각조차 못 했어요. 다 누울 자리를 보고 다리를 뻗는 법이죠.

하지만 사랑받고 싶은 건 인간의 본능이잖아요. 몸이 자라게 하려고 아기가 본능적으로 음식을 먹듯이, 정서와 인지도 발달하려면 본능적으로 타인의 관심과 사랑이 필요해요. 그게 빠진 채로 자라면 커서도 계속해서 사랑과 관심을 극심하게 갈구하며 살아가죠.

그런데 그런 사람은 자기가 굉장히 못났다고 생각하기 때문에 당당하게 사랑과 관심을 받지는 못해요. 원하고 있지만 거부하고, 거부하지만 간절히 원해요. 그래서 주변에 이런 말을 자주 해요. "나는 잘 못해. 나는 진짜 못났어. 내가 이렇게 멍청이 구제불능이라니까."

그런 말을 하면서 마음 깊은 곳으로는 '너 빨리 나에게 아니라고 해. 나를 위로해. 나의 겸손함을 눈치채라고' 하고 생각하고 있을지 몰라요. 내가 나를 과도하게 낮추면서 상대방에게 높임을 받으려는 무의식이 작용하고 있을 수도 있죠. 또는 나의 못남에 과도하게 몰두한 상태로 자기를 느끼고 있는 것일 수도 있고요. 정체성이란 자기를 느끼는 것인데, 나를 깎아내리면서 나를 느끼는 방식을 택한 거죠. 그게 더 안전하다고 여기니까요.

그런데 나는 나를 그렇게 못났다고 하면서 타인이 막상 내 의견에 동조해서 "그래 너도 참 속상하겠다. 매번 그렇게 옆 직원보다 성과가 안 나오니 얼마나 회사 다니기 창피하니? 월

급도 박봉인데"라고 하면 어떨까요? 내가 말한 그대로 말했을 뿐인데, 너무 화가 날 거예요. 손절할 수도 있어요. 엄청난 감정싸움을 벌일 수도 있고 복수심에 잠을 못 잘 수도 있어요. 참 아이러니하죠. 내가 나를 못났다고 생각하는 게 진실이라면, 타인이 동조할 때도 받아들일 수 있어야 하지 않나요? 내 의견에 찬성해 준 건데요. 근데 발끈하거든요. 그 마음은 뭘까요? 내가 나를 못났다고 하면서 사실은 내 부정적인 감정을 타인에게 쏟아내고, 위로를 자아내고, 겸손함이라는 도덕적 우월감을 느끼면서 자존감을 채우고 싶은 거죠.

못난 자기에게 빠진
사람들의 속마음

이런 것을 '취약성 자기애'라고 해요. 나르시시스트라고 하면 다 못된 사람만 있을 것 같은데 취약성 자기애가 있는 사람은 엄청 착합니다. 조용하고 수줍어요. 그런데 내면의 갈등이 엄청나요. 끝없이 남을 의식하며 사실은 우월해지고 싶어 하죠. 내가 못났다고 생각하면서도 남의 비난을 견디지 못하고,

거절받을 만한 사람이라고 생각하면서도 막상 거절당하면 병이 납니다.

마음에 채워지지 않는 커다란 구멍이 난 거예요. 어떻게 해야 할까요? 더 이상 자신을 속이지 말고 진짜 나를 보세요. 저는 수영 씨에게 말했어요.

"수영 씨, 관종이라고 고백해 줘서 정말 고마워요. 그 어느 때보다 수영 씨가 사랑스럽고 멋있어 보여요. 나는 질투심이 많다고, 은근히 잘난 척을 한다고, 사실은 관종이라고 그렇게 인지하는 것도 정말 어려운 건데 심지어 그걸 남에게 고백까지 하다니요. 수영 씨가 이만큼 자신을 돌아보고 객관화할 수 있는 사람이라는 게 얼마나 희망적인지 몰라요."

"아니요. 저는 멋있지 않아요. 착하지도 않아요. 저는 제가 너무 싫어요."

아 역시, 수영 씨는 또다시 자신의 못남에 몰두하기 시작했어요. 제가 여기서 "아니에요. 수영 씨는 정말 멋진 사람이에요"라고 하면 우리의 상담은 한 발자국도 나아가지 못하고 쳇바퀴를 돌겠죠. 저는 수영 씨가 자신의 진짜 모습을 인지하고 그런 자신을 스스로 위로하게 하고 싶었어요. 자신의 어린 시절, 상처, 경험, 감정과 생각을 똑바로 마주하도록요.

내가 못난 사람이라고 생각해서 얻는 게 무엇일까요? 매우 부정적인 생각이라도 거기서 얻는 심리적 이득이 있으니 그 굴레에서 벗어나지 못하는 것일 수 있어요. '취약성 자기애'는 말 그대로 내가 나를 못났다고 여기지만 자기에게 빠져 있는 거예요. 잔인하더라도 그 현실을 보는 것이 첫출발이겠죠. 저는 수영 씨가 스스로에 대해 인지할 수 있게 대답했어요. 못남에 반대하는 게 아니라, 계속 자기를 못났다고 말하는 자기 자신을 보라고요.

"스스로 그렇게 못났다고 생각할 만한 이유가 있었죠. 제가 아무리 사랑스럽다고 해도 받아들일 수 없는 수영 씨 자신은 얼마나 답답하고 괴롭겠어요. 관심과 사랑이 남동생에게만 갔으니 얼마나 목이 말랐겠어요. 우리, 못났다고만 하지 말고 안쓰럽다고 해주면 안 돼요? 그리고 수영 씨 자신에게 그 못다한 관심을 이제부터 좀 주자고요."

"선생님은 저에게 관심이 있나요?"

"저는 이런 질문이 너무 놀라워요. 환상 속에 있지 않고, 혼자만의 착각 속에 고립되지 않고 이렇게 지금 여기서 저와 직면하는 이 질문이요. 수영 씨가 그만큼 많이 좋아졌다는 거잖아요. 제가 수영 씨에게 관심이 있냐고요? 저는 수영 씨를 정말로 좋아해요. 특별히 더 좋아해요. 너무 과해 보일까 봐 오히려 표현을 자제한다니까요? 저는 수영 씨 만나는 날을 기대하는 마음으로 기다려요."

믿을 만한 좋은 사람에게
도움을 청하세요

수영 씨는 고개를 숙이고 울었어요. 얼굴이 아주 빨개졌는데 부끄러워서 그런 것 같지는 않고 감정이 복받쳐서 그런 것 같아 보였어요. 자기애성 성격을 치료하기 위해서는 먼저 자기 자신을 직면하고 들여다봐야 한다고 했는데, 거기서 멈추면 안 되고 사랑을 받아야 해요. 못 받은 사랑과 관심을 다시 받아야 해요. 그런데 타인에게서 그걸 받으려고 하면 상당히 집착적인 사람이 되거나 상처만 깊어질 수 있어서 가장 안전하게는 자기 자신에게, 그리고 상담사로부터 받는 것이 좋아요. 자기 자신이 사랑해 주는 것이 가장 좋겠지만 그것도 어느 정도 올라온 상태여야 가능하지 내가 너무 고갈되어 있다면 할 수 없을 거예요. 그럴 때는 주변에 꼭 도움을 청하세요. 정말 신뢰할 만한 좋은 사람 몇 명에게 정식으로 요청해 보세요.

"당분간 몇 달만 나의 상담사가 되어주라. 정기적으로 만나면서 내 애기도 들어주고 공감도 해주고 나한테 관심 좀 주라. 밥과 차는 다 내가 살게. 상담 비용이야. 평생 해달라는 거 아니야. 몇 개월만 해주면 그 몇 개월 후에 나도 너를 가득 채워주는 사람이 될게."

〈나의 해방일지〉라는 드라마에서 구 씨가 염미정에게 상담사가 되어달라고 요청한 것처럼요.

그리고 말한 그대로 나도 똑같이 상대방을 사랑해 주어야 해요. 사랑받고 관심받기 원한다면 나도 똑같이 그렇게 해줘야 합니다. 버림받지 않으려고 뭐든지 맞춰주고 희생하는 게 사랑이 아니에요. 상대방의 마음을 알아주고 진실하게 감정을 나누는 것이 소통이고 교제입니다. 그런 건강한 관계를 맺다 보면 어느새 열등감이 사라지고 관종에서 벗어나 관심을 주는 사람이 되어 있을 거예요. 그리고 더 이상 나의 못남에 몰두해서 살지 않아도, 다른 의미 있는 것으로 자신을 느낄 수 있을 거예요.

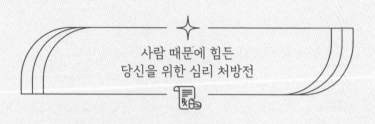

사람 때문에 힘든
당신을 위한 심리 처방전

의심이 심해질 때는 다음을 꼭 기억하세요.

1. 입버릇처럼 자기가 못났다고 말하는 사람은 사실 인정받고 싶은 거예요.

2. 끝없이 남을 의식하며 사실을 우월해지고 싶은 거죠.

3. 못난 자신에게 빠진 진짜 모습을 똑바로 마주하세요.

4. 신뢰할 만한 사람에게 도움을 청하고 그 사람을 똑같이 사랑해 주세요.

버림받지 않으려고 뭐든지 맞춰주고 희생하는 건 사랑이 아니에요.

상대의 마음을 알아주고 진실하게 감정을 나누면 건강한 관계를 맺을 수 있습니다.

12

그의 이별 선언을
도저히 받아들일 수 없어요

"저는 연애를 하면 남자친구한테 엄청 막말하고 불같이 화를 내고 헤어지자고 해요. 그러고서는 바로 다음 날이면, 아니 그날 저녁이면 제가 다시 붙잡아요. 연애를 하면 너무 많이 싸우니까 진짜 힘들거든요. 근데 헤어지고 혼자가 되면 훨씬 더 힘들어요. 그래서 헤어진 남자친구를 붙잡거나 새로운 남자를 쉽게 사귀어요. 그러니 남자친구 없는 기간이 거의 없었어요."

30대 초반인 가연 씨는 20대 초반부터 지금까지 쉬지 않고 연애를 했어요. 연애를 하는 것은 나쁘지 않지만 그 연애하는 방식이 위험했어요. 굉장히 사소한 일에 죽을 것처럼 화를 내고 실제로 죽는 시늉을 하면서 협박도 했어요. 만나는 남자에게 상당히 집착했고 이는 모두 자신의 불안 때문이었죠. "네가 나를 사랑한다면 왜 그렇게 못 해주는데? 내가 원하는 게 뭔지 알면서 그것도 못 맞춰주는 게 진짜 나를 사랑하는 거야? 사랑 안 하잖아. 그러니까 헤어져"라는 주장이에요. 하지만 막상 혼자가 되면 훨씬 더 견딜 수 없는 불안이 엄습해 왔어요. 남자친구랑 사귀고 있을 때도 데이트가 끝나고 서로 각자의 집으로 가고 나면 그렇게 불안하고 사랑이 차갑게 식어버린 것 같았는데, 완전히 결별을 하고 나면 그런 차가움이 증폭돼서 빙산처럼 얼어버릴 것 같았죠.

의지할 사람이 없으면
무너지는 사람들

　가연 씨는 감정기복이 매우 심하고 분노를 조절하지 못했어요. 폭력적이고 충동적이었어요. 그래서 순간적인 감정에 취해 중요한 일을 결정해 버리고 그에 대한 책임을 지지 못해 주변에 손을 벌리는 일이 종종 있었어요.

　또 직장 생활을 한군데에서 오래 하지 못했어요. 직장 안에는 친하게 지내고 싶은, 또 실제로도 친한 사람이 많았는데 그들에게 많이 의존했어요. 출근을 하는 월요일부터 금요일까지는 가연 씨가 좋아하는 상사에게 예쁨을 받고자 열심히 일하고 실제로 인정도 많이 받았는데 주말이 되면 꼭 다른 사람이 된 것 같았어요. 남자친구가 있어도 다른 남자와 하룻밤을 보내기 일쑤였고 마치 내일이 없는 사람처럼 망가지고는 했어요. 그러다가 월요일이 되어 그 의지하는 상사를 만나면 또 멀쩡해져요. 자신이 의지하는 대상이 눈앞에 있으면 괜찮은데 함께 있지 않으면 마치 그 사람이 나를 버리기라도 한 것처럼 느끼는 거예요.

그러다가 그 의지하는 상사가 나의 칭찬과 존경을 받아주지 않는 것 같으면 갑작스럽게 공격적이고 적대적이 돼요. 길 가다가 만나면 죽일지도 모른다고까지 말하면서 분노하고 저주했어요. 그러니 한 직장을 오래 다니지 못하는 거예요. 그렇게 그 상사를 저주하고 이제는 다른 사람에게 의지하고 있어요. 요즘 가깝게 지내는 친구가 있는데 자신의 감정조차도 그 친구가 결정하게 해요. 미래가 불확실해 두려울 때도 그 친구의 말 한마디면 안정이 되고요. 그러다가 그 친구가 약간이라도 자신을 거절하는 것 같으면 가연 씨는 또 확 돌아설 거예요. 그런 반복적인 패턴으로 계속 연애를 하고 대인 관계를 맺고 살고 있으니까요.

거절에 대한 공포가
관계에 집착하게 만들어요

이렇게 사는 가연 씨는 얼마나 힘들고, 그 주변 사람은 얼마나 더 힘들까요? 이런 성격을 '경계선 성격', '경계성 성격'이라고 해요. (경계성 지능장애와 헷갈리시는 분들이 종종 있는데 경계성 지능장애는 성격장애와 다릅니다.) 경계성 성격은 말 그대로 경계선이 너무 약한 거예요. 그래서 타인에게 과도하게 의존하고 과도하게 실망해요. 타인에게 쉽게 빠져들어서 그 사람을 우상처럼 우러러보다가 쉽게 상처받고는 쓰레기 취급을 해요. 누구에게나 좋고 나쁜 게 있는 건데 이들은 타인에게서 좋은 면만 보거나 나쁜 면만 봐요. 통합이 안 되고 둘 중 하나로 느끼니까 어느 날은 우상이 되고 어느 날은 쓰레기가 돼요.

게다가 폭력성에 공격성, 충동성이 강하고 집착적이니 그런 사람 옆에 남아 있기란 정말 쉽지 않겠죠. 항상 받아줘야 하는데, 성실하게 받아줘도 자기 마음에 '넌 날 사랑하지 않아'라는 의심이 들면 그날부터 엄청나게 시달려야 해요. 자식이라도 그런 부모 밑에서 못 살아남고, 부모라도 그런 자식과 함께 못 살 텐데 하물며 피도 안 섞인 남이 무슨 죄가 있어서 그 옆에서 버텨야 하겠어요. 사랑을 하는 주체가 소진되면 더이상 사랑은 존재할 수 없잖아요. 주체가 말라버렸는데 어떻게 현상이 있을 수 있겠어요.

그렇게 사랑이 떠나가고 관계가 단절되면 극심한 우울이 찾아와요. 그 우울은 분노로 표출되어서 상대방을 공격, 협박하거나 분노가 자기에게로 향하면 충동적인 자살 시도나 자해를 하기도 해요. '나의 우울함으로 너에게 앙갚음을 하겠다, 너에게 교훈을 주겠다, 나는 너 때문에 이렇게 된 거야' 하면서 그 사람이 나를 더 돌봐주도록 만들려고 합니다. 그렇지만 그것도 먹히지 않겠죠. 원래 영원히 나를 돌봐줄 수 있는 사람은 없으니까요.

이들이 이렇게까지 관계에 집착을 하는 이유는 버림받을까 두려운 마음, 거절에 대한 공포가 매우 크기 때문입니다. 그래서 타인이 나를 어떻게 생각하고 대하는지에 항상 신경을 곤두세우죠. 약속 시간에 늦거나, 밝은 표정으로 인사하지 않거나, 친절하지 않은 것들은 인간관계에서 쉽게 발생할 수 있는 일인데 이들은 이런 사소한 일에 매우 민감하게 반응해요.

'나'의 존재를 '너'로부터
느끼려고 하지 마세요

　상대방에게 거절당하고 버림받는 것에 대한 공포가 큰 이유는 이들이 자신의 정체성을 느낄 때 꼭 타인이 필요하기 때문이에요. 정체성이란 '나는 누구이고 어떤 존재인가' 하는 물음에 대한 답이고 그러한 느낌인데 혼자서는 그걸 느끼지 못하고 타인이 있어야 느끼는 거예요. 그래서 가연 씨가 상사와 연결되어 있는 평일에는 멀쩡한데 출근하지 않는 주말에는 자신을 나락으로 몰고 가는 거죠. 그렇게 망가지면서라도 자신의 정체성을 느끼고 싶으니까요.

　가연 씨가 남자친구를 쉼 없이 사귀는 것도 이것 때문이에요. 혼자 있다는 건 '너'와의 결별이 아니라 '나'와의 결별과도 같아요. '너'가 있어야 '나'의 존재를 느끼니까요. 그걸 큰 사랑, 깊은 사랑, 찐 사랑이라고 착각하면서 상대방에게 죄책감이 들게 해요. 그건 사랑이 아니에요. 자해나 약물에 중독되는 것도 이 정체성 때문입니다. 자신에 대한 모호한 감정과 혐오를 자해를 통해 해소하는 거예요. 내가 살아 있음을 느끼고 싶은 절박함이죠.

그리고 이런 사람은 상대방에게 변덕스러운 평가를 내리듯 자신의 정서와 감정도 변덕스러운 경우가 많아요. 작은 스트레스에도 과도하게 반응하고 작은 일에도 극심하게 우울해하고, 불안해합니다. 그런 정서가 오래 지속되는 것이 아니라 짧은 시간 내에 변덕스럽게 바뀌어서 주변 사람을 정말 지치게 만들어요. 감정이 변덕스러우면 주변 사람은 끊임없이 그 사람의 기분을 살피고 눈치를 봐야 하거든요. 게다가 그럴 만한 뚜렷한 이유가 없는데도 자주 분노를 표출하고 상대방을 욕하고 비난하는 말을 자주 합니다. 주변 사람들을 거의 마음에 들어 하지 않고 그걸 일일이 다 욕하면서 표출을 해요. 담아두거나 혼자 흘려보내는 걸 참 힘들어해요. 어떻게든 꼭 한마디 해야겠다고 생각하죠.

그래서 이들이 화를 낼 때 시시비비를 가리는 일은 무의미해요. 일시적인 감정이고 가만두면 지나가니까요. 그렇게 일시적으로 분노를 폭발시키고 나면 그 후에 수치심과 죄책감, 자기 비난이 따라옵니다. 그러면서 상대방에게 매우 미안해하고 반성하는 모습을 보입니다. 꼭 때리고 미안해서 장난감을 사주는 엄마처럼, 꼭 때리고 미안해서 꽃다발 사 오는 남편처럼요. 그게 다 무슨 소용일까요? 평소에는 칭찬도 잘하고 애

교도 잘 부리고 상냥해요. 왜냐하면 사랑받아야 하거든요. 하지만 그 모든 게 사실은 살얼음판 같은 거잖아요. 언제 와장창 깨질지 모르는 한없이 불안한 관계니까요.

경계성 성격은 과거 폭력을 당한 적이 있거나, 버림받은 경험이 있을 때, 특히 성적인 학대가 있었을 때 더 심해져요. 훈육과 체벌의 수위가 높고, 부모 간의 싸움이 잦고, 부모가 알려주지 않고 가출을 빈번하게 한다든지 하면 이렇게 버림받음에 대한 공포, 폭발적인 분노와 변덕스러운 정서, 정체성의 결여가 생겨나게 돼요.

하지만 이런 어린 시절이 안쓰럽다고 해서 그 옆에 있는 사람이 끝없이 희생될 수는 없어요. 이들을 치료하는 건 전문가에게 맡길 일이지 연인이나 친구나 상사가 해줄 일이 아니에요. 할 수도 없고요. 전문가와 치료를 시작해도 성격 성향을 고치는 일이라 최소 3~5년은 걸려요. 이들을 정말 사랑한다면 어느 정도 치료된 뒤에 만나는 것도 좋아요. 치료를 권하세요. 그리고 거리를 두세요.

모두 나의 각본일 뿐
상대방의 마음은 모르는 거예요

제가 이들에게 하고 싶은 말은, 그저 꼭 안아주고 싶다는 거예요. 이들도 이렇게 살고 싶어서 이러는 게 아니잖아요. 심리적, 신체적 폭력에 의한 증상일 뿐이지 타고난 문제도 아니고 안 그러고 싶어도 조절이 안 되는 거잖아요. 스스로를 충분히 이해하고 공감하세요. 다른 사람으로부터 마음을 얻으려고 하기 전에 내가 나를 먼저 이해하고 공감해 주세요. 나의 아픔에 충분히 공감하고 나면 그때부터 인지 치료를 해볼 수 있으니까요.

'그의 표정이 굳어지면 사랑이 식은 것이 정말 맞나?' '그가 일이 있어 약속을 취소하면 나를 버리는 것이 정말 맞나?' '내가 이렇게 불같이 화를 내고 죽는다고 하면 그가 나를 정말로 안쓰럽게 봐주고 돌아올까?' 질문하면서 지금까지 내가 생각해 왔던 인지를 수정해야 해요. 모두 나의 각본일 뿐이지 상대방의 마음은 알 수가 없거든요. 상대방의 마음을 알고 나와 똑같이 만들어놓으려 하는 건 분명 나를 망치는 길임을 알아야 해요.

그리고 상대방과 헤어지는 건 이번 사랑이 마무리되는 거지 나를 잃어버리는 게 아니에요. 그는 갔지만 나는 여기 있어요. 지금 슬퍼하고 집착하고 분노하는 게 누구예요? 나잖아요. 그 사람 말고 나를 생각하고 나를 느껴보세요. 그 사람 마음을 돌리려고 하지 말고 내 마음을 안아주세요. 그 사람이 떠났다고 울지 말고 나를 위해 울어요. 그 눈물은 나를 위한 거예요. 나를 애도하는 눈물, 나를 정화하는 눈물, 그런 눈물은 실컷 흘려도 좋아요. 몇 년은 울어야 할지도 몰라요. 저도 지금 이 글을 쓰면서 가슴으로 함께 울고 있어요. 우리 같이 울어요.

정체성에 위기가 올 때는 다음을 꼭 기억하세요.

1. 누군가에게 과도하게 의지하는 삶은 나를 망가지게 해요.

2. 버림받을까 두려운 마음이 관계에 집착하게 하고 우울에 빠뜨립니다.

3. 나의 정체성을 다른 사람에게서 찾으려고 하지 마세요.

4. 상대방과 헤어지는 건 나를 잃어버리는 게 아니에요.

모두 나의 각본일 뿐, 상대방은 그렇게 생각하지 않을 수 있어요.

내 마음을 먼저 안아주고, 나를 위해 울어주세요.

13

나 때문에 힘들다는 그 사람,
정말 내가 문제일까요?

40대 현수 씨는 10년째 고시를 준비하고 있어요. 아르바이트나 일용직을 하면서요. 취업을 해본 적이 없고 친구들도 잘 만나지 않아요. 아니 사실 친구도 없고 연애도 하고 싶지만 그럴 수 없었어요. 너무나 자신감 없는 모습이라 이성에게 다가갈 수조차 없었거든요.

"저는 어릴 때부터 엄마가 시키는 대로만 했어요. 그게 다 맞다고 생각했고 다른 길은 아예 엄두도 못 냈어요. 그런데 엄마는 저를 탓해요. 나이가 몇인데 아직도 공부만 하고 직장도 못 다니고 연애도 못하냐고, 언제쯤 엄마한테 효도할 거냐고, 엄마도 이제 늙었는데 어떻게 봉양할 거냐고요."

"그런 소리 들으면 어떠세요?"

"가슴에서 불이 타는 것 같은데 제가 이해해야죠. 우리 엄마도 남편 잘못 만나서 진짜 고생 많이 하고 산 불쌍한 사람이거든요. 저 말고는 아무도 없는 사람이에요."

"엄마는 불쌍하고 현수 씨는 안 불쌍해요? 불이 타는 것 같은데 내뿜으면 어떻게 되는 거예요?"

"말도 안 되죠. 어차피 있을 수도 없는 일이에요."

세상에서 제일 불쌍한 사람이
내 곁에 있어요

    현수 씨는 전형적인 나르시시스트 엄마에게서 가스라이팅
을 당하며 자란 사람입니다. 마흔 살까지도 직장을 갖지 못하
고 부모의 눈치만 보면서 살고 있어요. 가스라이팅을 하는 부
모 밑에서 자란 아이는 주로 수치심과 죄책감에 시달립니다.
그 부모가 아이의 수치심과 죄책감을 이용해서 가스라이팅을
했기 때문이죠.

    가스라이팅은 상대방의 심리를 조종하는 것을 말해요. 주
로 심리적으로 우위에 있는 사람이나 가까운 사람, 즉 배우자
나 친한 친구, 연인, 가족 중에 많아요. 그중에서 통제적이고
강압적이고 고집스러운 사람이라면 더욱 자연스럽게 가스라

이팅을 하게 되죠. 주로 나르시시스트가 한다고 보면 돼요. 나르시시스트는 자기가 옳고 다른 사람은 틀렸다고 보는 사람, 자기가 위고 다른 사람은 아래라고 여기는 사람, 자기 뜻대로 되어야 하고 반드시 자신의 주장을 관철시켜야 하는 사람입니다. 그러나 겉보기에는 굉장히 호인이에요. 능력도 있고 호탕하고 잘 베풀어요. 그래서 대외적으로 평판이 좋기 때문에 피해자가 자신의 피해 사실을 말해도 이상한 사람이 되는 경우가 많아요. 추악한 모습은 피해자밖에 모르게 되고요.

가스라이팅을 하는 사람이 처음부터 그러진 않죠. 이들은 아주 교묘하게 들어와요. 자기에게 완전히 걸려들기 전까지는 한없이 친절하고 칭찬도 잘해요. 그렇게 마음을 얻어서 상대방이 완전히 그물에 걸리면 본색을 드러내요. 그중 하나는 피해자 행세를 하는 거예요. 현수 씨는 세상에서 자기 어머니가 제일 불행한 여자인 줄 알아요. 주로 아빠를 대역죄인으로 만들어 아들을 자기편으로 삼고 불쌍함을 빌미로 아들을 조종합니다. 잘 울기도 하고 흐느끼는 연기도 잘해요. 워낙에 동정심을 잘 자극하기 때문에 사람들이 그들을 진짜 피해자라고 생각하게 되죠. 그러나 자기 생각만큼 동정심을 얻지 못하면 그 다음엔 어떻게 할까요? 그때는 상대방을 압박하면서 위협을 해요. 불이익이 있을 거라고, 결코 행복할 수 없을 거라고 예언하며 저주를 퍼붓죠. 복수심도 많아요. 생각만 하지 않고 실제로 행동을 하기 때문에 상대방은 그 보복을 두려워하면서 자연스럽게 또 복종하고 따르게 되고 말죠.

정말 내가 다
잘못한 걸까요?

그리고 아주 빈번하게 쓰는 수법 중 하나가, 죄의식과 자기비난을 심어주는 거예요. 상대방이 잘못했다고 말하도록 해요. 말도 안 되는 논리를 펼치면서도 '다 당신이 잘못했기 때문이야. 당신과는 대화가 안 통해. 언제나 문제를 일으키는 쪽은 당신이니까'라는 식으로 대화를 합니다. 그러면 상대방은 그 말을 그대로 받아들이면서 진짜인 줄 알고 살아요.

그런데 세상 누구도 그들의 마음을 만족시킬 수 없어요. 그들은 항상 상대방을 최악의 사람이라고 여기고, 자기보다 못하며, 자기보다 아래에 있다고 생각하기 때문에 결코 만족하지 못해요. 그에 따라 피해자는 항상 욕을 먹고 비난을 받으면서 죄의식에 찌들어 살게 되죠.

그런데 현수 씨가 진짜 잘못한 게 있나요? 현수 씨는 엄마가 고시 공부를 하라고 해서 공부를 시작했고 돈도 벌어야 한대서 일용직도 해요. 여자친구를 사귀고도 싶었지만 번번이 엄마가 마음에 들어 하지 않았고 그렇게 40대가 되고 보니 너무 가진 게 없어요. 현수 씨가 엄마에게 뭘 잘못했기에 못난 아들이라는 소리를 들어야 하나요? 이 의식에서 깨어나야 해요.

깨어나지 않으면 심리적, 정서적 피해뿐만 아니라 금전적인 피해도 따라올 수 있어요. 그들은 다른 사람에게 피해 끼치는 것을 걱정하지 않고 타인으로부터 돈을 빌리거나 심지어 타인의 명의를 쓰는 것도 서슴지 않아요. 욕심이 많고 사치를 좋아하고 금전 관계에 문제가 많습니다. 그리고 금전에 관계된 부탁을 할 때도 어김없이 동정심과 죄의식을 자극하면서 자신의 요청에 즉각 긍정적인 답변을 달라고 합니다.

주변에 선을 넘는
사람이 너무 많아요

그들은 사실 정서적인 이유든 신경학적 이유든 어느 특정 연령대에서 정신세계가 굳어버린 거라서 몸만 자라고 정신 상태는 자라지 못했다고 봐야 해요. 평소에는 똑똑하고 논리적인 양 말해서 엄청 현명한 어른처럼 보일 수 있는데, 사실 그렇게 자기의 똑똑함에 취해 있는 게 딱 어린아이 같은 거예요. 4~5세쯤 되는 아이들은 자기가 전지전능하다고 생각해요. 슈퍼맨처럼 하늘을 날고 고래처럼 바다를 수영할 수 있다고 여겨요. 가스라이팅을 하는 사람들도 자신의 전능함에 취해서 우월감에 젖어 살아갑니다. 자기 뜻대로 안 될 때나 화를 낼 때 그들을 한번 살펴보세요. 또 자기가 의지하는 사람에게 줄곧 어떻게 대하는지 잘 지켜보세요. 꼭 어린아이 같아요. 자기중심적이고 충동적인 것은 물론 변덕과 질투심, 소유욕이 엄청나고 자기만 봐달라고 하는, 나만 달래달라고 떼를 쓰는 모습이 눈에 띌 거예요.

그래서 자녀가 어느 순간 가스라이팅을 하는 부모의 정신 연령을 추월하게 되면 그때부터는 부모의 보호자 역할을 하게 돼요. 부모는 점점 자식에게 자신의 모든 속내와 불행을 다 토로하며 감정쓰레기통을 대하듯 하죠. 자기의 못난 행동, 좌절감, 피해망상적인 생각들, 성생활까지 자식 앞에서 다 얘기합니다. 자기의 주변 사람들 때문에 특히 배우자 때문에 내가 이 꼴로 살게 되었다는 원망을 가장 많이 토로하죠.

그런 얘기를 다 들으면서 살아가는 자녀는 어떤 사람이 될까요? 감정이 없는 사람처럼 살게 돼요. 감정을 느끼면서는 저런 말들을 다 들을 수가 없거든요. 그들은 아마 어려서부터 감정을 느끼지 않는 방어기제로 자신을 지켜왔을 거예요. 그래서 자기가 뭘 좋아하는지, 어디에서 화가 나는지, 지금 긴장을 한 게 맞는지, 이런 것조차도 잘 몰라요. 굉장히 둔하고 차갑고 냉정해 보이기도 하죠. 세상에 별일이 없는 사람처럼, 혹은 넋이 약간 나간 사람처럼요.

그런데 이 사람 안을 들여다보면 알 수 없는 분노가 굉장히 깊게 깔려 있어요. 그래서 이따금씩 가슴이 정말 터질 것 같거나 극심한 우울증에 빠지기도 하는데 왜 그런지도 모르고 그저 이 정도밖에 안 되는 자신을 한심하게 여길 뿐이에요. 사회생활을 하면서는 자기의 줏대나 확신이 없이 타인에게 끌려다니고 자기주장이나 의견을 잘 말하지 못합니다. 그래서 부모

뿐만 아니라 사회에서도 친구에게, 동료에게, 연인에게 수시로 가스라이팅을 또 당하는 거예요.

현수 씨에게 이전에 만났던 사람들과 왜 헤어졌는지 물었어요. 이야기를 들어보니 그들은 대부분 현수 씨를 가스라이팅하는 여자들이었어요. 아주 사소한 것 하나하나까지 현수 씨를 조종하고 자기의 뜻대로 안 되면 현수 씨에게 이별을 통보하는 식으로 연애를 했던 거예요. 직장에서도 왜 이렇게 현수 씨에게 선을 넘는 사람이 많은지 모르겠어요. 사냥꾼들은 먹잇감을 기가 막히게 찾아내요. 절대 먹잇감이 되어주지 마세요. 사람이 사람을 먹고 살면 되겠어요? 절대 희생양이 되어주지 말고 선을 그으세요.

상대방은 결코
불쌍한 존재가 아니에요

어려서부터 부모의 감정쓰레기통으로서 정서적 보호자 역할을 하면서 살았던 아이들은 자기 자신을 챙기지 못하고 자라나요. 부모가 미성숙하고 삐뚤어졌어도 무조건 부모 편을 들고 부모를 보호하고 문제가 있다면 다 자기 탓으로 여깁니다. 절대 여러분의 탓이 아니에요. 사람은 쓰레기통이 아닙니다. 아무도 나에게 자신의 찌꺼기를 한도 끝도 없이 버리게 두지 마세요.

이제는 깨어나야 해요. 무조건 동정하고 이해하려 하지 말고, 오히려 피해를 당했던 자기 자신을 먼저 동정하고 이해해주세요. '우리 부모님은 정신연령이 어리구나. 어느 연령대에 고착화되어 있구나. 그래서 나를 가스라이팅하고 나에게 원한을 풀어놓고 그동안 나를 이용하기도 했구나'라는 걸 일단 알고 인정을 해야 합니다.

그리고 선을 그어야 해요. 대화를 줄이고 가능하면 아예 하지 않는 게 좋아요. 따로 살고 있다면 전화를 굉장히 자주 할 텐데 일주일에 한 번만 받는다든지 하면서 자신만의 횟수를 정하세요. 그리고 나의 수치심과 죄의식을 자극하거나 동정심을 호소하며 이야기할 때 재빨리 그 수법을 눈치채고 대화의 자리를 피하세요. 그런 감정은 상대방이 심어준 것이지 실제로 내가 수치스럽고 죄를 지었기 때문이 아니에요. 상대방은 결코 불쌍한 존재가 아니라는 것을, 행여나 불쌍한 게 맞더라도 내가 더 불쌍하다는 것을 기억해야 해요. 그들이 죽는다고

난리를 쳐도 전화를 끊고 나면 말짱할 수 있어요. 생각보다 그렇게까지 힘들지 않을 수 있어요. 만약 정말로 심각하게 힘들어 보이면 정신과 진료나 심리상담센터로 인도해 주세요.

맞서 싸우지는 마세요. 논쟁이 되는 순간 감정싸움이 되고 지쳐서 포기하게 될 겁니다. 그들이 무슨 소리로 나를 협박하든지 차분하게 더 이상 대화하지 않겠다고 말하고 물리적으로 단절하세요. 그럴 수 없다면 최대한 거리를 두세요. 혹은 나를 가스라이팅하는 주제가 나오면 대화를 중단할 거라고 미리 알려주세요.

현수 씨는 자꾸 결혼으로 가스라이팅을 당해요. 그럴 때는 "걱정은 감사한데 결혼은 제 인생이니까 더 이상 말씀은 마세요. 그 주제가 나오면 저는 자리에서 일어나거나 전화를 끊을 거고 더 이상 대화하지 않을 거예요"라고 말하면 돼요. 동료나 연인이 나의 외모를 두고 가스라이팅을 한다면 "걱정은 고마운데 더 이상 나에게 몸에 대한 이야기는 하지 않았으면 해. 그런 말은 나에게 도움이 되지 않아. 앞으로도 계속 한다면 나는 침묵을 지키거나 자리를 피할게"라고 더 이상 침범하지 않게 선을 긋는 겁니다.

선을 긋고
나를 지켜내세요

　가스라이팅을 당해온 순한 성격인데 그렇게 말하는 게 어떻게 쉽겠어요? 하지만 더 이상 당할 수는 없어요. 당해서도 안 되고요. 상대방은 생각보다 괜찮아요. 내가 그렇게 말한다고 나를 버릴 사람이면 안 만나도 상관없는 사람이에요. 거울 보고 백번이고 연습하세요. 그리고 선을 긋고 나를 지켜내세요.

　주의할 점이 있다면 감정을 솔직하게 털어놓는 건 좀 사람을 봐가면서 해야 한다는 거예요. 진짜 제대로 가스라이팅을 하는 나르시시스트에게라면 그런 솔직한 감정 나눔이 오히려 독이 되어 목덜미가 잡힐 거예요. 경계 설정까지만 말하고 경계를 넘을 때마다 반복해서 또 말하면 돼요. 감정을 털어놓고 싶은 유혹을 이겨내세요. 그런 유혹은 상대방이 아닌 다른 사람에게 털어놓으세요. 상대방에게 사과도 받고 싶고 이해도 받고 싶겠지만 그들은 정신연령이 아주 어리다는 것을 기억하세요. 어린아이에게는 그런 이해를 구하지 않아요. 그런 역지사지를 기대하기 힘들죠. 깔끔하게 행동 지령을 반복적으로 말하면서 교육을 하는 거지 감정 교류를 하는 건 아니라는 걸

명심하세요. 그러니 두려워할 필요도 없어요. 어린아이를 대하듯이 잘 구슬려서 겉으로는 정도껏 비위 맞춰주되 속으로는 넘어가지 않고 선 넘을 때마다 알려주면 됩니다.

여러분은 누군가를 보살피기 위해 태어난 사람이 아니에요. 그게 내 부모고 배우자고 연인이고 친구라 해도 말이죠. 가스라이팅은 정신적인 학대입니다. 여러분은 피해자일 뿐이에요. 지금 이 순간에도 나를 가스라이팅하는 그들을 불쌍히 여기면서 끌려가고 있다면 이제라도 현실을 바라보고 자신을 꼭 지켜내시길 바라요. 정해준 대로 살지 말고 나의 소리를 들으세요. 여러분이 생각한 게 맞아요. 그 결정이 옳아요. 그렇게 행동해 보세요. 실패하면 어때요. 배움이 남잖아요. 생각한 그대로, 느끼는 그대로, 하고 싶은 대로 살아보세요. 여러분의 인생을 되찾으세요.

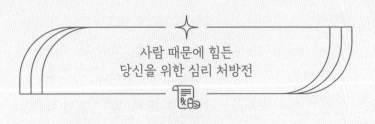

가스라이팅을 당하는 것 같을 때는 다음을 꼭 기억하세요.

1. 겉보기에는 굉장한 호인이 왜 나에게만은 제일 불쌍한 사람일까요?

2. 내가 진짜 잘못한 게 맞나요?

3. 누군가의 감정쓰레기통이 되다 보면 감정이 없는 사람처럼 살게 돼요.

4. 수치심과 죄의식은 상대방이 심어준 것이지 내가 수치스럽고 죄를
   지어서 생긴 게 아니에요.

상대방은 결코 불쌍한 사람이 아니에요.

거리를 두고 선을 그으며 나를 지켜내다 보면 내 인생을 되
찾을 수 있어요.

4부

자연스럽게 풀리는
인간관계의 비밀

건강한 대인 관계를 방해하는 복잡한 생각들과 고민들을 어떻게 다룰 수 있을까요? 결국 내가 있어야 네가 있잖아요. 나 자신을 건강하게 표현할 수 있다면 편안한 대인 관계를 맺을 수 있어요. 4부에서는 대인 관계를 가로막는 생각들을 해결하는 방법, 당당하고 자신 있게 자신을 표현하고 타인에게 다가가는 방법들을 말씀드릴게요.

나를 이해하고 수용하는 과정을 거쳤더라도 사회생활이나 대인 관계에 대한 경험이 적어서 막상 어떻게 해야 하는지 잘 모를 수 있어요. 여기엔 정답지가 있는 게 아니라서 각자 부딪히면서 배워가고 시행착오를 통해 알아가는 과정이 꼭 필요합니다. 각자 가진 특성과 환경에 따라 방법이 모두 다르기 때문이에요. 대인 관계 경험이 꾸준히 쌓이면 자연스럽게 좋아지기도 하는데요. 경험을 쌓아갈 때 적용해 볼 수 있는 실천 사항들도 같이 짚어보려고 합니다.

14

단점을 고치지 않고
자존감을 키우는 법

제 영상을 보면서 위로보다는 아픔을 느끼는 분이 생각보다 많아요. 보면 볼수록 내가 하찮은 사람이 되는 것 같고 문제가 많은 사람인 것처럼 느껴지거든요. 자기를 마주 본다는 게, 마음과 감정을 알아간다는 게 사실은 엄청 힘든 일이에요. 그게 힘들어서 이제껏 피하고 살았는데 웬 상담사가 자꾸 속을 들여다보는 것 같으니 불편해지기도 하죠.

성장하기 위해 아픔은 불가피하지만 조금 덜 아프시면 좋겠어요. 아픈 것도 나으려고 아픈 게 있고 죽으려고 아픈 게 있잖아요. 어떻게 하면 나를 마주 보는 것이 조금이나마 덜 힘들 수 있을까요?

"웃따님은 왜 행복해 보이시나요? 어떻게 그렇게 여유 있어 보이세요? 방법을 알고 싶어요"라는 질문을 종종 받아요. 그런 질문을 받을 때는 동의가 되면서도 한편으로는 찔려요. 저도 사시사철 여유롭고 편안하지는 않거든요. 세상에 그 어느 누구도, 모든 걸 다 가졌어도, 사랑을 듬뿍 받고 자랐어도, 일평생 모든 순간 자존감이 높고 여유로울 수는 없어요. 누구나 다 올라갔다 내려갔다 하면서 사는데 그 순간을 어떻게 받아들이냐에 따라서 삶에 대한 만족도가 달라지는 것 같아요. 삶은 해석하기 나름이니까요.

감정의 롤러코스터를
받아들이는 방법

의사는 다 건강한가요? 목사는 다 신앙이 두터워요? 경찰이라고 다 용감해요? 그렇지 않잖아요. 다 똑같은 사람이에요. 저도 마찬가지입니다. 제가 여러분보다 괜찮은 사람이라서 이런 책을 쓰고 있는 게 아니고 그저 삶에 대해 함께 고민하고, 사람에 대해 공부하는 사람으로서 쓰는 겁니다. 그렇게 심리적으로 여유 있지도 않고 건강한 사람이 아닌데도 저는 대체로 제 삶에 만족해요. 뭐가 부족한지 말하라면 사실 무슨 말을 해야 할지 모르겠어요. 여전히 무너지는 순간들이 있지만 제 삶이 불행하거나 암울하다고 느끼지는 않거든요. 제 감정이나 생각이 오르락내리락 할 때 그 순간들을 어떻게 받아들이는지 말씀드릴게요.

1. 감정

고개를 들어서 하늘을 보세요. 엄청 큰 하늘에 구름 조각이 떠 있어요. 그게 바로 나의 감정이라고 생각해 보세요. 큰 구름, 먹구름, 뭉게구름, 다양한 구름 조각이 떠 있지만 확실한 건 그 구름은 영원히 그 하늘에 떠 있지 않고 흘러간다는 거예요. 아무리 압도적인 감정이라도 시간이 지나면 그 감정은 무조건 흘러가요. 그 감정을 부정하고 억압하면 참 아이러니하게도 다름 아닌 내가 흘러가지 못하게 막는 거예요.

보통 어려서부터 감정을 수용받지 못하고 자란 사람은 자신의 감정을 보려고 하지 않거나 보았어도 표현하려고 하지 않아요. 혹은 타고나기를 감정의 폭이 큰 사람도 있죠. 그렇다고 해도 그 감정을 다루는 방법을 학습한다면 건강하게 보내줄 수 있어요. 구름은 지나가는 것이지 나 자체가 아닙니다. 감정은 내 존재도 아니고 내 성격도 아니고 취향도 아니에요. 그냥 누구에게나 찾아와요. 특별히 내가 못난 사람이라서가 아닙니다. 감정을 느끼는 게 고통스럽더라도 느끼는 연습을 해야 해요. 그래야 점점 더 빠르게 그 감정을 흘려 보내줄 수 있어요.

저에게 우울이 찾아올 때, 원망이 찾아올 때 저는 가장 먼저 이 생각부터 해요. '왔어? 이번에는 몇 시간짜리야? 지난번에 왔을 땐 며칠을 머물렀잖아. 좀 길었지? 이번에는 얼마나 있으려나. 필요한 만큼 있다가 가렴.'

나쁜 감정은 없어요. 올 만해서 온 거죠. 그 감정을 받아들이고 충분히 느끼고 견디는 거예요. 할 만큼 하면 그 구름이 알아서 간답니다. 그걸 다룰 줄 알게 되면 그다음에 또 그 감정이 찾아와도 겁먹지 않고 한결 여유롭게 대할 수 있죠.

2. 약점

약점도 마찬가지입니다. 자신의 약점을 아예 모르고 사는 사람보다 인지하는 사람이 훌륭해요. 그런데 그 약점을 인지하는 데서 멈추지 않고, 수용하는 사람은 더 훌륭합니다. 어떤 대학 강연에서 한 학생이 물었어요.

"선생님, 자존감이 높은 사람은 자신의 약점이나 콤플렉스를 티 내지 않고 잘 감추죠?"

저는 대답했습니다.

"완전히 그 반대입니다. 자신의 약점을 부끄러운 것이라고 생각하지 않기 때문에 오히려 말할 수 있어요. 말하고도 수치심을 느끼지 않고 가볍게 고민을 나누는 정도로 생각할 거예요."

단점도 약점도
내 안에 있는 나의 일부예요

나의 단점이나 약점은 내 전부가 아니라 일부분이고, 누구에게나 약점이 있어요. 나에게 약점이 있다고 해서 내 존재가 작아지거나 수치스러워지는 게 아닙니다. 약점은 나를 설명하는 수많은 것 중에 하나에 지나지 않아요. 물론 받아들이는 게 쉽지는 않죠. 너무 수치스럽고 창피해서 인지하기도 싫고 인정이나 수용은 더더욱 하고 싶지 않을 때가 많거든요.

그래서 저는 일단 목표 없이 단점을 팽팽하게 마주 보기만 했어요. 모른 척하지 않고요. 그러다 보니 미운 정도 들면서 그 애가 좀 안쓰럽더라고요. 결국 그 애도 제 안에서 나온 거지 누가 불어 넣어준 게 아니잖아요. 내가 돌봐줘야지 누구 탓을 하겠어요. 돌봐주고 사랑해 주고 이해해 주다 보면 그 아이가 성장해서 한결 당당해지고 다듬어집니다. 그제야 비로소 부끄럽지 않게 남들에게도 약점을 보여줄 수 있고, 보여주고 나면 그게 더 별게 아닌 것처럼 느껴져요. 그렇게 내 약점에 대한 여유를 갖게 되는 거죠.

우리는 부모나 친구나 연인이 나를 있는 그대로 사랑해 주길 바라면서도 정작 나는 나 자신에게 굉장히 엄격한 조건을 달고서 평가하고 각 특성마다 차별해요. 발전하기 위해 자신을 채찍질하는 것도 좋지만 그 전에 먼저 나를 너무 강하게 밀어내기보다는 일단 수용하고 끌어안아 주는 것이 멀리 봤을 때 훨씬 더 발전적입니다. 나를 채찍질해서 고치는 것은 끝도 없거든요. 인간은 아무리 날아올라도 완전할 수 없는 불완전한 존재니까요. 그러느니 차라리 나의 약점을 받아들이고 안아주세요. 사랑을 먹고 성장하게요.

사랑하는 사람을 대하듯
나를 대해주세요

나의 약점과 단점이 불쑥 드러날 때 속으로 생각하세요. '우리 애기가 사랑을 받고 싶어서 소리를 내는구나. 그래 내가 사랑해 줄게. 너도 어쩔 수 없었잖아. 너도 힘들었잖아. 내가 너를 이해할게. 무슨 말이든 해봐. 내가 다 들어줄게' 하면서 내 안에서 들려오는 생각들을 밀어내지 말고 친절하게 들어주세요.

나의 가장 친한 친구나 사랑하는 사람이 자신의 연약한 마음을 나에게 털어놓을 때 여러분은 다그치고 혼낼 건가요? 보통은 "그럴 수도 있지. 너도 최선을 다했잖아. 힘들었으니까 그런 거지. 네가 정말로 그렇게 나쁜 사람이 아닌 걸 내가 아는데" 하면서 받아주고 이해해 줄 거잖아요. 딱 그렇게 나를 대하면 됩니다. 그게 바로 자아존중감입니다.

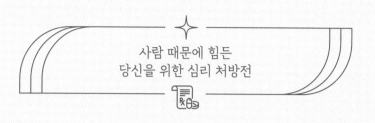

단점 때문에 괴롭다면 다음을 꼭 기억하세요.

1. 모든 순간 자존감이 높고 여유로운 사람은 없어요.

2. 나의 감정이 잘 흘러갈 수 있도록 건강하게 보내주세요.

3. 약점이 있다고 내 존재가 작아지거나 수치스러워지는 게 아니에요.

4. 내 단점과 약점을 돌봐주고 사랑해 주고 이해해 주세요.

인간은 완전할 수 없는 존재예요.

가장 친한 친구나 사랑하는 사람을 대하듯 나를 이해하고
안아주세요.

15

부정적 사고를 멈추는
'생각 바꾸기 연습'

진영 씨는 상담 시간에 불안한 목소리와 위축된 표정으로 말했습니다.

"지난주에 회식을 다녀왔는데 사람들이 저를 냉랭하게 대하더라고요. 제 옆에는 앉지도 않으려는 것 같아요. 제가 재미도 없고 대화에도 잘 못 끼어서 사람들이 저를 이상하게 볼 것 같아요. 사람들은 저 같은 사람을 싫어하겠죠. 뒤에서 제 욕을 하는 것 같아요. 저는 하루 종일 그 생각을 해요. 감옥에 갇힌 것 같아요. 그만하고 싶어도 계속 신경이 쓰여요."

우리에게 한번 부정적인 생각이 들면 그때부턴 진짜 속수무책이에요. 아무리 긍정의 힘을 외쳐봐도 생각이 달라지지가 않거든요. 그 친구가 날 별로 안 좋아하는 것 같아서 하루 종일 신경 쓰이는데 무슨 생각을 하면 괜찮아질까요? 오늘 회사나 학교에서 일을 망치고 너무 창피한데 도대체 무슨 생각을 해야 괜찮아질까요?

'나는 그게 왜 힘들까?'
나를 들여다보는 연습

무턱대고 생각을 멈추려고 하다가는 실패하기 쉽고 자괴감만 들어요. 생각에 설득력이 있어야 부정적인 생각의 꼬리를 자르고 악순환을 멈출 수 있죠.

그래서 첫 번째로 해야 하는 생각은 '나는 그게 왜 힘들까?'예요. 나의 역기능적 신념을 찾기 위한 질문을 던지는 겁니다. 누구는 그 일 때문에 하루 종일, 어쩌면 몇 날 며칠을 미칠 것 같은데, 어떤 사람은 똑같은 사건을 당해도 아무렇지 않거든요. 그렇다고 자신을 너무 자책하지 마세요. 나에게는 아무것도 아닌 일로 다른 사람은 땅굴을 파고 있을 수 있으니까요. 사람마다 땅굴 파는 영역이 달라요. 왜일까요? 각자가 살아온 환경과 경험에 따라서 제각기 다른 신념을 가지고 있기 때문이에요. 이 신념은 안경과도 같아요. 세상과 타인을 바라보는 '나의 안경'인 셈이에요. 그 안경은 각각 달라서 똑같은 사건을 접해도 보는 시각이 달라요. 그중 아주 어릴 때부터 만들어지는 신념을 '핵심신념', '코어신념'이라고 합니다.

이 부정적인 생각을 바꾸고 싶다면 어떻게 해야 할까요? 그 안경의 정체를 알아야 해요. 세상이 파란 게 아니라 내가 파란 안경을 끼고 있다는 걸 인식하는 게 먼저예요. 그리고 투명한 안경으로 바꿔야죠.

여기서 파란 안경을 역기능적 신념이라고 하고, 투명한 안경을 합리적 신념이라고 해요. 이 프레임을 바꾸면 새로운 세상이 열립니다.

근데 나의 역기능적 신념을 알아차리고 바꾼다는 건 참 어려운 일이에요. 그야말로 한 사람의 신념이거든요. 목숨은 버리면서도 신념은 버리지 않는 게 인간인데, 사실이라고 철석같이 믿고 살았던 게 틀린 거라고 인정할 수 있기까지 얼마나 오랜 시간이 걸리겠어요? 하지만 '그 신념은 나의 신념일 뿐 사실이 아니구나'를 인지하고 또 인정하고 계속 연습하면 충분히 변화가 가능합니다.

내가 낀 안경이 어떤 안경인지, 즉 내 역기능적 신념이 무엇인지 알아차리려면 내가 신경 쓰이고 기분 나쁜 상황에서 '나는 왜 기분이 나쁜지, 내가 걱정하고 불안해하는 것은 무엇인지' 생각을 해보세요.

아래로 아래로
내 속마음을 향한 여정

진영 씨가 하루 종일 신경 쓰였던 이유가 회식 자리에서 대화에 잘 끼지 못했고, 사람들이 자기를 싫어하고 피한다고 느꼈기 때문이라면 스스로에게 이 질문을 던져보는 거예요. "그게 사실이라면, 나는 왜 괴로울까?"

시간이 오래 걸리더라도 이 질문에 대한 답을 찾아야 합니다. 이 질문을 생각했을 때 마음속에 떠오르는 어떤 답이 있다면, 그 답에 대해 다시 또 질문을 던져봐요.

- '사람들이 나를 싫어하고 피하는 것 같아.'
  → 그게 사실이라면, 나는 그게 왜 힘들까?

- '대화에 잘 끼지 못하면 사람들이 나를 무시하거나 잘 못 어울리는 사람으로 인식할 거야.'

  → 나는 그게 왜 힘들까?
- '내가 무시할 만한 사람, 잘 못 어울리는 사람으로 인식되면 결국 사람들은 나를 좋아하지 않을 거야.'

  → 나는 그게 왜 힘들까?
- '사람들이 나를 좋아하지 않으면 결국 난 혼자가 되고 말 거야.'

  → 나는 그게 왜 힘들까?
- '혼자가 되는 건 견딜 수 없는 일이야. 누군가에게 미움받는 건 견딜 수 없는 고통이야.'

  → 나는 그게 왜 힘들까?

이런 식으로 계속 내 생각의 근원을 파고 들어가는 거예요. 이런 걸 '하향화살표 기법'이라고 해요. 계속 아래로 아래로 내 내면에 질문을 던지면서 내가 가진 역기능적 신념을 찾아내는 겁니다.

진영 씨는 혼자가 되는 건 견딜 수 없는 일이고, 누군가에게 미움받는 건 견딜 수 없는 고통이라고 했어요. 이 말을 바꿔보면 진영 씨가 지닌 역기능적 신념은 '나는 인기 있고 사랑받는 사람이 되어야 해, 한 사람이라도 날 싫어하는 건 끔찍해. 모든 사람이 날 좋아하고 반겨야만 해'라는 걸 알 수가 있어요.

이런 신념이 있기 때문에, 즉 이런 안경을 끼고 있기 때문에 사람들이 자기에게 조금이라도 관심이 없어 보이거나 전화를 안 받거나 답장이 느리거나 대화에 잘 끼지 못한 날에는 유난히 기분이 나쁘고 괴로워지는 거예요.

'반드시~해야 한다'는 당위성의 함정

역기능적 신념에는 보통 '나는 반드시 ~해야 한다' 혹은 '나는 결코 ~해서는 안 된다' 하는 식으로 '반드시, 결코, 항상, 절대, ~여야만 해, ~여서는 안 돼'와 같은 극단적이면서도 당위성이 강한 표현이 들어가요. 당연히 그래야 한다는 거죠.

여기서 당위성은 크게 두 가지 종류인데, 사람과 일에 대한 당위성이에요.

• **사람:** 행복해지려면 반드시 타인의 애정과 인정이 필요하다는 당

위성

- **일:** 행복해지려면 반드시 뚜렷한 성취나 업적을 이루어야 하고 실패해서는 안 된다는 성취에 대한 당위성, 혹은 누구의 간섭도 받아서는 안 되고 반드시 내 뜻대로 되어야만 한다는 자율성에 대한 당위성

이러한 역기능적 신념이 자기 자신의 존재 가치를 평가하거나 행복을 결정짓는 중요한 기준이 되고 이에 따라서 감정, 생각, 행동, 삶의 패턴이 좌지우지될 수 있어요.

물론 누구나 타인의 인정과 애정을 받는 걸 좋아하고 성취하는 걸 좋아해요. 저도 좋아해요. 그런데 그냥 좋아하는 게 아니라 역기능적 신념이 있을 때는 지나치게 그 신념에 집착하면서, 융통성 없이 그 신념을 자신에게 강요하고, 그대로 이루지 못했을 때 심하게 무너지게 됩니다. 그래서 우울증 환자들은 대체로 이러한 역기능적 신념을 지니고 있고, 역기능적 신념을 치료하는 '인지 치료'가 우울증 치료에 매우 효과적인 거예요.

부정적인 생각을
합리적인 신념으로 바꾸는 방법

자, 이렇게 하향화살표 기법으로 나의 역기능적인 신념을 찾았다면 그걸 어떻게 합리적인 신념으로 바꿀 수 있을까요? 어떻게 파란 안경을 투명한 안경으로 바꿀까요? 이번에는 이 질문을 던져보세요. "정말 그럴까?"

'대화에 잘 끼지 못하면 사람들이 나를 무시하거나 잘 못 어울리는 사람으로 인식할 거야'라고 생각했다면 "정말 그럴까?" 하고 스스로에게 질문하세요. 그리고 내 신념에 태클을 걸어요. 내 믿음을 흔들고 의심하세요. "아닐 수도 있어. 대화에 잘 끼지 못한다고 무조건 싫어하고 무시한다는 증거가 있어? 직접 물어봤어?"

또는 "모임에서 말을 많이 하는 사람이 있는가 하면 잘 듣는 사람도 있지. 어떤 사람들은 말이 많은 사람보다 잘 들어주는 사람을 좋아하기도 하잖아" 또는 "내가 조용히 있었으니 가볍지 않고 진중한 사람으로 보였을지 몰라, 또 괜히 말 많이 해서 말실수하는 것보다는 차라리 조용한 게 낫잖아?" 이런 식으로 "정말 그럴까?"라는 질문을 통해서 내 신념에 반대되는 생각을 해보는 겁니다.

"나는 반드시 모두에게 사랑받아야만 해. 미움을 받으면 행복할 수 없어"라는 역기능적 신념에 "정말 그럴까?"라는 질문을 던져보세요.

"모두에게 사랑받는 사람이 지구상에 존재하기는 할까? 유재석 같은 사람도 모두가 좋아하는 건 아니잖아. 아예 관심도 없는 사람이 더 많아. 그리고 모두가 좋아해 준다고 해서 정말 무조건 행복하기만 해? 관심받는 만큼 힘든 점도 있지" 또는 "미움을 받으면 행복할 수 없는 게 사실일까? 어떤 무리에서 모두에게 사랑과 존경을 받는 사람은 존재하지도 않지만 혹시 있다고 해도 고작 한두 사람이야. 그럼 그 사람 외에 다른 사람은 모두 불행한 걸까? 인간관계가 아니면 나를 행복하게 해줄 수 있는 게 정말 없는 걸까?"

이런 식으로 다른 방향의 생각을 해보는 겁니다. 그렇게 하면 기분 나쁘던 감정이 순간적으로 확 내려가는 걸 느낄 수 있어요. 감정적으로가 아니라 합리적이고 논리적으로 설득이 되는 겁니다.

그리고 다음에 또 기분이 나쁠 때 반복해서 이런 연습을 하다 보면 어느새 굉장히 평온한 사람이 되어 있는 자신을 발견하게 될 거예요. 역기능적 신념을 찾는 질문 "나는 그게 왜 힘들까?" 또 합리적 사고로 바꾸는 질문 "정말 그럴까?" 이 두 가지 질문을 스스로에게 자꾸 던지세요. 만약 합리적 신념을 도저히 못 찾겠다면 주변 다른 사람에게 한번 물어보세요. 좀 합리적인 사람한테요.

그리고 부정적이고 소심해질 때 그 반대되는 말을 혼자 소리 내서 말하세요. 그 언어만 바꿔줘도 생각이 달라질 수 있어요. 내 말을 귀가 듣고 뇌를 변화시키거든요.

"난 늙었어"라고 매일 말하면 그 말을 뇌가 듣고 나를 늙은 사람으로 만들어간다고 하죠. 그러니까 '왜 이거밖에 못 했어?'라는 생각이 들 때 '응, 그래, 또 비난하는구나. 잔소리꾼아, 어서 와라' 하고 일단은 수용하고 나서 그 반대되는 말을 소리 내서 말하세요. "아니야. 수고했어. 그만하면 됐어"라고 해주세요. 주의할 점은 짧고 간결한 문장으로, 되도록 큰 소리로 반복해서 말하는 겁니다.

'넌 도대체 잘하는 게 뭐야?'라는 생각이 들 때 "아니야! 나도 잘하는 게 있어"라고 말해주세요.

'나는 늘 실수만 해'라는 생각이 들면 "아니야! 내가 진짜 매번 실수만 해? 잘할 때도 있었잖아"라고 하고요.

'저 사람이 나를 싫어하는 것 같아'라는 생각이 들 때 "아니야! 물어봤어? 확실하지 않잖아" 혹은 "아니야! 나를 좋아해주는 사람도 있잖아!" 혹은 "저 사람이 날 싫어한다고 내가 불행해지는 건 아니야!" 하고 말해보세요.

이렇게 간결하고 짧게 큰 소리로 말해주세요. 놀라운 변화가 시작될 겁니다. 제가 실제로 그렇게 하거든요. '너 오늘 뭐 했냐?' "아니야! 너 오늘 수고했어."

우리는 때론 생각에 무게에 짓눌려 감옥에 갇힌 것처럼 살아가기도 해요. 내 생각인데 어쩜 그렇게 내 맘처럼 되지 않는지 아주 원망스럽기도 해요. 당신만 그런 것은 아니랍니다. 저도 그렇게 살았었지만 이러한 연습들을 통해 안경을 벗고 보니 세상이 달라 보여요. 아니, 세상은 똑같은데 제 시각과 생각이 달라졌겠죠. 지금까지 쓰고 있던 안경은 이제는 벗어두자고요. 피부같이 달라붙어서 억지로는 안 벗겨져요. 이런 생각들을 설득력 있는 생각으로 바꿔주는 훈련을 계속하고 내 생각의 감옥에 갇히기 전에 얼른 빠져나오는 연습을 하면 서서히 벗겨질 거예요. 눈앞에 새로운 세상이 열릴 거예요.

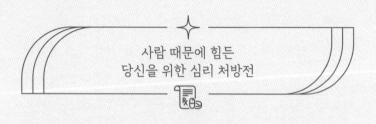

소심한 성격 때문에 괴롭다면 다음을 꼭 기억하세요.

1. 부정적인 생각이 꼬리를 문다면 먼저 '나는 그게 왜 힘들까' 생각해

   보세요.

2. 계속해서 질문을 던지면서 내 마음 속 깊은 곳까지 내려가 보세요.

3. 당연히 그래야 하는 건 없어요. 나의 신념에 질문하고 논박하세요.

   "과연 그럴까?"

4. 부정적인 생각에 그 반대되는 말을 소리 내서 말해주세요.

모두에게 사랑받는 사람은 지구상에 존재하지 않아요.

내 생각에 갇히기 전에 얼른 빠져나오는 연습을 거듭하면

눈앞에 새로운 세상이 열릴 거예요.

16

부정적인
자아상을 극복하는
편안한 대화의 기술

"저는 사람을 만나면 무슨 말을 해야 할지 모르겠어요. 특히나 제가 호감이 있는 사람에게는 말하는 게 더 부자연스러운데 그게 너무 싫어요. 자존감 낮아 보일 거 같아요. 자신감 있고 편안하게 대화하면서 친해지고 싶어요. 저는 선천적으로 사회성이 좀 떨어지는 것 같아요."

저는 민수 씨의 고민을 듣고 말했습니다.

"민수 씨가 사람들과 친해지고 싶고 대화하고 싶어 한다는 자체가 이미 민수 씨 안에 사회성이 있다는 거겠죠. 남보다 더 위축되었다고 생각하면 갈수록 더 위축되기만 할 거예요. 자기 안에 있는 사회성을 한번 믿어보세요. 자신감 있게 대화하는 것은 연습과 훈련을 통해서 후천적으로도 키울 수 있습니다."

자신감 있게
대화하는 연습

1. 부정적인 자아상으로 인한 낮가림 극복

일단, 새로운 사람을 만날 때 자신감 있게 대화를 하려면 낮가림을 극복해야겠죠. 낮을 가리는 이유는 다양하지만 그중하나는 자기 자신에 대해 부정적인 생각이 들어서예요. '저 사람은 날 좋아하지 않을 거야, 나랑 얘기하고 싶지 않을 거야, 나는 정말 이상하고 못생겼고 바보 같으니까 나랑 친해지고 싶지 않겠지.' 이런 부정적인 자아상이 무의식 깊은 곳에 깔려있다 보면 낮을 가리게 돼요. 거절에 대한 불안과 두려움 때문에 사람을 만나는 게 너무 어려운 일이 되어버린 거죠. 그래서 '내가 무의식중에 나를 부정적으로 보고 있구나'라는 것을 알아야 해요. '그건 나만의 생각이야. 내가 나를 부정적으로 본다고 해서 남들도 나를 그렇게 보는 건 아냐' 하면서 나의 착각을 객관적으로 바라봐야 해요.

2. 만남의 기대 수준 낮추기

이렇게 부정적인 자아상이 강해 소통에 두려움이 있다면 만남과 소통의 기대 수준을 낮춰보세요. 너무 먼 목표까지 생각하지 말라는 거예요.

예를 들어 처음 말을 걸어보려고 하면서 마음속으로 '저 친구도 나랑 단짝이 되고 싶을까? 저 친구가 나를 좋아하게 될 수 있을까? 내가 저 친구와 사귈 수 있을까?'와 같은 생각을 한다면 목표가 너무 높은 거예요. 이제 겨우 말 걸어보는 단계잖아요. 소개팅 나가면서 언제 결혼식을 할지까지 생각하고 나가면 그 소개팅 자리가 얼마나 무겁고 부자연스럽겠어요.

만남이라는 것은 관심 가는 사람에 대해서 알기 시작하는 기회에 불과해요. 상대방에게 정중한 호기심을 보이며 다가가는 것이고 그건 가벼운 일이에요. 가볍게 대화를 나누면서 그 사람을 약간 알아가고, 나를 살짝 알리는 정도에 불과한 거지 그 이상의 목표를 잡고 다가가게 되면 두려움이 생기고 실망하기도 하지요.

3. 나를 '거부'한 게 아니라 소통의 '기회'를 거절했다고 인식하기

만약 상대방이 나와 대화하는 걸 거절하는 듯한 태도를 보인다면 나를 거절한 게 아니라 그냥 서로를 알아갈 기회를 잃어버린 것에 불과해요. 그 이상도 이하도 아니죠. 기대 수준이 낮았으니까요.

그리고 거절을 당했을 때 꼭 자기 비하를 하는 사람들이 있어요. 내가 외모가 별로라서, 재미가 없어서, 자신감이 없어서 등등 거절의 이유를 꼭 자기에게서 찾고야 마는 사람들이요. 그런 생각은 다음에 다가가기 더 힘들게 만들 뿐이에요. 거절하는 이유에는 수백 가지가 있어요. 확인해 보지 않으면 알 수 없죠. 오직 추측만이 존재해요. 그 추측이 사실이라고 생각하면 안 돼요. '나와 상관없는 개인적인 이유가 있었을' 거라고 생각하는 게 자신감 훈련에 도움이 됩니다. 어차피 상대방의 마음은 알 수가 없어요. 그러니 나에게 도움이 되는 생각을 하는 게 좋겠죠.

그래도 거절당하는 게 너무 무섭다면 거절에 미리 대비하세요. 일주일에 세 번 정도는 거절당할 수 있다고 생각해야 합니다. 나도 누군가를 알게 모르게 거절하곤 하니까요. 거절도 계속 겪다보면 무뎌지면서 별 타격이 없어져요. 거절은 그야말로 '거절'이지 나를 '거부'한다는 뜻이 아니에요. 내 존재를 거부하는 게 아니라 서로 알아갈 기회를 거절하는 것뿐입니다.

4. 말의 내용보다 훨씬 중요한 말의 모양, 신체 언어

의사소통을 할 때 말의 내용이나 단어가 차지하는 부분은 7퍼센트밖에 되지 않아요. 나머지 93퍼센트는 비언어, 신체 언어입니다. 그러니까 '이 사람과 대화가 참 잘 된다'라는 느낌을 주는 데 작용하는 언어의 93퍼센트는 비언어입니다. 특별히 목소리 크기, 강약, 리듬, 빠르기 같은 것들이 38퍼센트이고, 신체 움직임, 특히 얼굴 표정이 55퍼센트입니다. 그러니 말할 때 내용보다 압도적으로 중요한 것은 얼굴 표정이라는 거예요.

똑같이 "왜요?"라는 질문을 할 때, 냉소적인 표정은 따지는 것 같은 느낌을 주고, 눈꼬리와 입꼬리가 내려가며 고개를 살짝 기울인다면 걱정하는 느낌을 줍니다. 상담자는 "왜"라는 질문을 하지 않도록 배우는데요, 저는 사실 "왜"라는 질문을 많이 하는 편이에요. '당신에 대한 정중한 호기심과 관심과 걱정이야'라는 느낌을 가득 담아 공기 반 소리 반으로 "왜요?"라고 말하면 그 질문에서 대단히 많은 답을 얻고 깊은 관계로 나아갈 수 있죠.

그리고 대화를 할 때 3미터 이상 떨어져서 이야기하지 않습니다. 그렇다고 너무 가까워도 부담스럽죠. 아주 친밀한 사이라면 보통 45센티미터 이내에서 이야기할 수 있는데, 그 외에 개인적인 관계, 사적인 관계로 이야기할 때는 45센티미터~2미터 이내로 이야기하는 것이 좋습니다.

그리고 어딘가에 기대서 대화하는 것은 피곤하고 무관심하다는 느낌을 줄 수 있으니 방향은 상대방을 향하고, 상체를 살짝 앞쪽으로 기울여요. 그러면 열심히 대화에 참여하고 있고 관심이 있구나 하고 생각하게 합니다. 팔짱을 끼면 방어적인 느낌을 주니 팔짱은 풀고 적당히 편안한 자세를 취해야 합니다.

긴장을 풀고 조금 더 자연스러운 태도를 취하고 싶다면 음식을 드세요. 카페에서 대화를 한다면, 쿠키나 빵 같은 걸 먹을 때 한결 긴장감이 풀릴 수 있어요. 긴장한 사람들은 눈앞에 음식이 있어도 전혀 손대지 않잖아요. 그런 태도는 굉장한 긴장감을 보여줘요. 그러니 억지로라도 먹어보세요. 그 카페를 상대방이 골랐다면 칭찬을 한번 해준다면 더 좋겠죠. "이 쿠키 정말 맛있네요. 이 카페 오길 참 잘한 것 같아요." 이런 자연스러운 칭찬 한 스푼을 넣어서 음식을 먹으면 긴장감이 풀리고 자연스러워집니다.

그리고 눈을 맞춰보세요. 대부분의 사람은 눈 맞춤을 다 어려워해요. 그래서 억지로 눈을 맞추면 오히려 불안감을 느끼고 대화에 잘 집중하지 못해요. 그럴 때는 얼굴의 다른 부분을 쳐다보세요. 예를 들면 눈과 눈 사이, 눈썹, 코의 윗부분, 이렇게 눈에서 멀지 않은 부분을 쳐다보면서 얘기하는 겁니다. 물론 너무 근접한 거리에 있을 때 그렇게 쳐다보면 티가 나겠지만 한 발자국 떨어져서 대화할 때는 잘 알기 어려워요.

그리고 웃어주세요. 웃음은 관심이 있고 호의적이라는 것을 보여줄 수 있는 가장 좋은 수단이에요. 그런데 주의할 것은 당연한 얘기지만 웃을 만한 이야기가 아니면 웃지 말아야 한다는 거예요. 이야기에 알맞은 리액션을 해야 해요. 리액션은 말도 좋지만 그보다는 표정이나 비언어로 하는 게 더 진심으로 와닿아요. 찌푸린다든지, 놀라는 표정을 짓는다든지, 박수를 치거나 엄지 척을 해준다든지 탄성 소리를 내준다든지 해보세요. 또 동성 간이라면 신체적 접촉을 하는 게 친밀감을 높이는 데 매우 도움이 됩니다. 어깨나 무릎 등을 가볍게 터치하는 것은 따뜻함과 애정을 나타내는 신체 언어고 상대방에 대한 호감도를 드러낼 수 있는 좋은 수단이에요.

5. 소통이 잘되는 질문

처음 대화 시작할 때 어떤 말을 해야 할지 몰라 힘들어하는 분이 정말 많은데요. 대화는 질문으로 시작하는 게 좋아요. 처음 만난 사이라면 의례적인 질문으로 "어디 사세요?" "무슨 일 하세요?"와 같은 것을 먼저 물어보지만, 여기서 더 나아가서 친해지려면 구체적인 질문으로 자연스럽게 넘어가야 해요. 상대방의 경험이나 느낌 같은 것을 묻는 거예요. 예를 들어서 "어디 사세요?"라고 의례적으로 물었을 때 "아, 서울 살아요"라고 답했다면 그다음에는 더 구체적으로 "서울에서 살면 어때요? 불편한 점은 없나요?" 혹은 "서울 살면 편리한 점이 뭐예요?" 등등 구체적인 경험이나 느낌을 이끌어내는 거죠.

대화의 기본은 질문이에요. 허벅지와 종아리를 이어주는 무릎처럼 질문으로 대화를 계속 이어가는 거예요. 그런데 신문하듯이 물어보는 게 아니라 '나는 너에게 관심이 있어, 호기심이 있어'라는 느낌으로 무례하지 않게 묻는 거예요. 어떻게 그런 느낌을 주냐고요? 그 마음이 진심이면 자연스럽게 묻어납니다. 어떠한 의도가 없이 정말로 순수하게 알아가고 싶은 마음에 묻는 거라면 기가 막히게 다 통합니다. 그리고 웬만하면 상대방이 좋아할 만한 주제로 물어보는 것이 좋겠죠. 대화를 자꾸 하다 보면 상대방의 관심사를 알아차릴 수 있을 거예요.

6. 소통이 잘되는 듣기

내가 물어봐 놓고 상대방의 대답에 집중을 안 하면 끝입니다. 정말 중요한 건 듣는 거예요. 내가 조리 있게 말을 못해도, 만남의 시간이 길지 않아도, 정말 잘 듣기만 한다면 마이너스로 작용할 일은 없어요. 사람들은 자기가 말하게 해주는 사람을 좋아합니다. 어떤 사람에게 말하고 싶겠어요? 잘 들어주고 잘 호응해 주는 사람에게 말하고 싶겠죠. 내가 가진 재주가 없고 조건이 별로인 것 같아도 정말 진중하게 잘 들어주는 사람은 사회에서 호의적인 느낌을 받는 경우가 많습니다.

유독 다른 사람의 이야기를 듣는 걸 힘들어하는 사람들이 있어요. 여러 가지 경우가 있는데 먼저는 ① 자기 경험과 관련시켜요. 이야기를 하면 자꾸 자기 이야기를 떠올리면서 그 이야기로 자연스럽게 넘어가요. 누가 고생한 이야기를 하면 "그건 아무것도 아니야. 나는 어땠냐면," 하면서 자기 하소연 및

영웅담을 펼쳐놓기 시작합니다. 특히 엄마들이, 자식이 힘들다고 하면 그 말을 들어야 하는데 자기가 더 힘들다고 말하죠. 그럼 대화를 못 하는 거예요. 게다가 말이 다 끝나지도 않았는데 '나도 겪어봐서 이미 다 알아'라는 식으로 자꾸 자기만의 해석을 달면 진짜 말하기 싫어집니다.

② 또 자꾸 상대방의 마음을 분석하려고 해요. '이 사람 속마음은 어떨까?' '저게 진짜일까?' '말만 저러는 거겠지?' 하고 계속 마음속을 파악하려고 하는 거예요.

③ 또 자꾸 정답을 내놓으려고 해요. 사람들은 정답을 구하려고 말하는 것처럼 보이지만 사실은 그저 말을 하고 싶어서 말할 때가 많거든요. 정답이란 건 없기도 하고요. 있다면 오직 그 사람이 내려야겠죠. 그런데 내가 도움을 주겠다며 답을 내리려고 하면 오히려 상대방은 나에게 말하기가 싫어질 수 있어요.

④ 또 대화를 하면서 속으로 다음 말을 계속 생각하면 듣기에 집중할 수 없어요. 내가 질문해서 상대방이 답을 하고 있는데 나는 속으로 '그다음에 내가 무슨 말을 해야 하지? 어떤 리액션을 해야 하지?'라고 생각하고 있으면 상대방도 내가 집중하지 못한다는 걸 느껴요. 그다음 반응을 하지 못하더라도 지

금 당장 잘 듣는 게 훨씬 더 중요합니다.

⑤ 또 잘 대화하다가 자꾸만 주제를 이탈하는 거예요. 우리는 분명 지금 떡볶이에 대한 이야기를 하고 있고 상대방의 이야기가 끝나지도 않았는데 내가 뚱딴지같이 갑자기 학교 과제에 대한 이야기를 해요. 그러면 상대방은 상호 소통이 아니라 일방적으로 끌려가고 있다는 느낌을 받게 되고, '내 말은 듣지 않고 자기 생각나는 대로 말하는구나'라고 여기게 돼요.

그렇다면 어떻게 해야 잘 들을 수 있을까요? 듣는다는 것은 수동적인 활동 같지만 능동적으로 소통에 참여하고 있는 거예요. 들었으면 피드백을 주어야 합니다.

① 상대방이 어떤 말을 했을 때 바꿔서 말해보세요. 아까 대화를 이어서 해볼게요.

"서울은 차가 많이 막혀서 참 불편해요. 하지만 대중교통이 많아서 편리한 점도 있어요"라고 대답했다면 그 말을 내가 다시 정리해서 하는 겁니다. "아 서울은 차가 많아서 불편하긴 하겠네요. 근데 또 대중교통이 많다 보니까 편리하기도 하고요. 진짜 그렇겠네요." 똑같은 말인데 내 말로 그 얘기를 한 번 더 함으로써 상대방으로 하여금 '이 사람이 완전히 내 말을 이해하고 들었구나'라는 느낌을 무의식중에 주게 돼요. 그럼 그 사람과 계속 얘기하고 싶어집니다. 질문을 안 해도 알아서 또 말하고 싶어져요. 특히 중요한 말을 했을수록 꼭 바꿔 말해줘야 합니다. 이런 것을 경청의 기술 중 '반영'이라고 해요. 그런데 상대방의 모든 말을 다 그렇게 바꿔 말하면 오히려 말하는데 거슬리겠죠. 중간중간 중요한 포인트에서 한 번씩 해주시는 거예요.

그리고 ② 그 사람이 말한 것에 대한 자신의 감정이나 느낌을 표현해 주어야 합니다. "정말 차가 막혀서 불편하시겠네요. (여기까지는 반영이죠. 그다음 이어서) 저도 차가 막히는 곳에 살았다면 아침마다 마음이 조급했을 것 같아요." 이렇게 상대방의 말에 대해 자신의 감정이나 의견으로 피드백을 해주는 겁니다.

피드백을 줄 때는 주의할 점이 있는데 즉각적으로 해야 돼요. 아까 했던 말을 한 10분 뒤에 피드백하면 이상한 거죠. 집에 가서 문자로 피드백하면 더 이상해요. 그 대화에 이어서 바로 해야 해요. 그리고 거짓으로 연기하는 게 아니라 진실하고 정직하게, 그러면서도 지지하는 마음을 담아서 해야 돼요. 상대방을 비난하거나 별것도 아니네, 라는 식의 피드백을 하면 안 되겠죠. 피드백을 한답시고 상대방을 깎아내리는 말을 할 거라면 차라리 의사소통을 하지 않는 게 낫습니다.

무엇보다도 중요한 건 상대방을 진심으로 알아가고 이해하고자 하는 마음이에요. 기술적으로 연습하고 훈련하는 것도 중요하지만 가장 중요한 건 진심이죠. 좀 어설프더라도 진심이 있으면 느껴지거든요. 그러면 호감을 줄 수 있습니다. 아무 대답도 못 하거나 버벅거리더라도 괜찮아요. 상대방에 대한 진중한 마음이 소통의 가장 귀한 핵심이에요.

"저는 어떤 피드백을 줘야 할지 바로바로 생각이 안 나는데 어떡해요?"라는 의문이 들죠? 맞아요. 그게 제일 문제예요. 처음에는 소통이 어려울 수 있지만 자꾸 훈련하다 보면 점점 생각이 나고 자연스러워져요. 괜히 훈련이라는 단어를 쓰는 게 아닙니다. 한두 번 해서 되는 게 아니라는 뜻이에요. 계속하면 어느새 자신감 있게 대화할 수 있게 되실 겁니다.

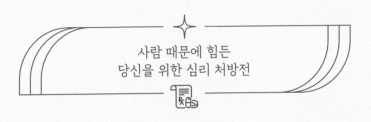

사람 때문에 힘든
당신을 위한 심리 처방전

대화가 어렵다면 다음을 꼭 기억하세요.

1. 낯을 가리고 사람을 만나는 게 힘든 건 거절에 대한 불안과 두려움
   때문이에요.
2. 만남의 기대 수준을 낮추면 대화가 한결 편안해집니다.
3. 거절은 서로 알아갈 기회를 거절하는 것일 뿐 나를 '거부'한다는 뜻이
   아니에요.
4. 음식을 먹거나 눈을 맞추고 웃어주세요.

자연스러운 질문을 이어가고 상대의 말을 잘 들어주면 호
감을 표현할 수 있어요.
피드백이 늦거나 좀 어설프더라도 진심을 전하는 게 중요
합니다.

17

내 안의 내향성과
외향성 끌어안기

미희 씨는 조용하고 말수가 적은 사람이었어요. 집에 있기를 좋아하고 딱히 빠져드는 취미도 없었어요. 퇴근하고 오면 혼자 밥 먹고 누워서 유튜브를 보고, 주말에는 거의 하루 종일 집에서 드라마나 웹툰을 봤어요. 그런데 미희 씨는 그런 자기 자신에게 강한 문제의식을 느끼고 있더라고요.

"선생님, 저는 사람을 만나고 오면 너무 진이 빠지고 집에만 있고 싶어요. 그렇다고 사람이 싫은 건 아닌데 만나고 오면 너무 힘들고, 만나서 별로 할 말도 없어요. 근데 집에만 있는 제가 너무 한심해요."

"어떻게 하면 한심하지 않은 거예요?"

"여행도 다니고, 친구도 만나고, 모임도 다니고요. 흥미로운 취미 생활도 좀 하고 그러면 좋잖아요. 사람들을 만나서 공유할 것도 있고요. 좀 재미있게 사는 사람이 되고 싶어요."

"웹툰이나 드라마는 재미없나요?"

"음… 재밌어요."

"그런데 왜 재미없게 산다고 생각해요?"

"의미 없이 집에 박혀서 드라마만 보는 거 남들에게 말하기도 좀 창피하고 한심해 보이잖아요."

"그 말은 꼭 다른 사람이 미희 씨를 그렇게 보는 게 문제인 것처럼 들리네요?"

"맞아요. 어릴 때부터 엄마가 활발하고 외향적인 친구들과 비교를 하면서 그 친구들이랑 어울리며 그런 성격이 되라고 했었어요."

'정상'과 '균일화'에
집착하는 사회

미희 씨는 어린 시절 자신이 타고난 성향에 대해 부정적인 인식을 갖게 되었어요. 이는 고스란히 자기 존재에 대한 부정적인 인식으로 남게 됐죠. 이건 미희 씨만의 문제는 아닐 거예요. 제 생각에 다른 나라에 비해 우리 한국 사회는 모두를 균일화하는 경향이 있는 것 같아요. 롱패딩이 유행했을 때 모두가 롱패딩을 입고 그걸 안 입으면 창피한 사람이 됐었잖아요. 그러다가 숏패딩이 유행을 하니까 롱패딩을 입은 사람이 뒤처지는 사람이 된 것 같았죠. 저의 학창 시절에는 모두 발목 양말을 신었고 발목을 덮으면 친구 없는 외톨이 같았는데, 요즘 학생들은 하나같이 다 발목을 덮는 긴 양말을 신더라고요. 모두가 서울권 대학을 가려고 돈과 시간과 에너지를 전부 투자하고, 다들 대기업을 가는 게 성공이라고 생각해요. 이렇게 균일화된 시각은 심각한 경쟁 사회를 만들고 그로 인해 우리나라 국민들은 우울증과 자살률이 최고가 되었죠. 모두가 같은 것을 바라는데 거기에 도달할 수 있는 인원은 정해져 있으니까요.

우리 사회에 정상인이 있냐는 질문을 받은 적이 있어요. 제가 답했죠. "정상인이라는 말을 자세히 들여다보면 누군가가 기준을 정해놓아서 그에 벗어나면 정상이 아니라는 뜻인데, 그 기준은 누가 정한 건가요? 정답이 있기는 한가요? 사람은 모두 개별적인 존재인데 그 균일화된 기준은 과연 누가 제공한 건가요? 저는 우리 사회에 정상인은 없다고 생각해요. 그런데 모두가 정상인이 아닐 때는 오히려 정상인이 비정상이 되는 겁니다. 우리는 다 같이 미쳐가고 있어요."

우리 한국 사회는 지금도 이미 벼랑 끝에 몰린 것 같아요. 너 나 할 것 없이 우리 모두가 그렇게 만들고 있고 누구 하나 멈추지 않고 있어요. 저는 여기에 책임을 통감하며 목소리를 높입니다. 우리가 앞으로도 개인의 특성, 개인의 비전, 개인의 개성을 존중해 주지 않는다면 벼랑 끝에 내몰린 우리 사회는 더 이상 갈 곳이 없이 벼랑 끝으로 추락할지도 모른다고요.

내향인에게는
내향인만의 장점이 있어요

성격도 그래요. 활발하고 상냥하고 말을 잘하는 외향적인 사람이 성격 좋은 거라는 균일화된 시각이 있어요. 그래서 모두가 그런 사람이 되려고 하고 내향인은 외향인에 비해서 좀 부족한 사람이라는 인식이 만연하죠. 요즘은 MBTI가 많이 알려지면서 내향인을 존중하는 추세로 가고 있지만 여전히 사회의 편협한 시각으로 인한 심리적 폭력이 내향인들에게 쏟아지는 것 같아요. 내향인이 무슨 잘못이라도 했나요? 내향인은 자기 안에서 동기를 찾아 행동하는 사람이지 외부에서 동기를 얻지 않아요. 스스로 내 안에서 조용히 정리하고 충전을 하는 사람이기 때문에 내향인이 집에서 빈둥거리는 시간은 허송세월이 아닌 충전의 시간인 셈이죠.

외향인은 사람을 만나고 활동을 하면서 충전이 되어 기분이 좋아지고 활력이 넘치지만 내향인은 혼자만의 시간을 통해서 배터리를 충전하고 또다시 건강하게 사회생활을 해나가요. 외향인은 속에 담아두지 않고 쏟아내면서 정리를 하지만 내향인은 속에서 정리가 끝나야 내뱉을 수 있어요. 그러니 당연히 답변이 느리고 길지도 않아요. 하지만 신중하고 조심스럽고 진중하죠. 함부로 행동하지 않고 함부로 말하지 않고 다른 사람에게 피해 주는 일이 거의 없어요. 다른 사람의 말을 끊지 않고 타인의 말을 충분히 잘 듣습니다. 사실 자기 말을 많이 하는 사람보다 남의 말을 잘 들어주는 사람이 훨씬 호감이에요. 들어주는 사람이 있어야 말을 하는 건데 내향인을 왜 자꾸 고치려고 하는지 모르겠어요.

그런데 미희 씨처럼 내향인이 사회생활을 할 때는 스트레스를 많이 받고 불편함을 느낄 수 있어요. 자기표현과 주장이 불가피하고 팀을 이끌어야 하는 순간도 있으니까요. 하지만 내향인이 그걸 아예 못하는 건 아니에요. 누구든지 한쪽 성향이 100퍼센트인 것은 아니거든요. 내향인 안에도 외향적인 면모가 분명히 있어요. 그래서 내 안에 있는 외향적인 면모를 발견하고 사회생활에 필요한 만큼 연습과 훈련으로 발달을 시키면 사회생활도 문제없이 할 수 있어요.

이건 사실 자신감과 자존감의 문제지 외향과 내향의 문제가 아니에요. 외향인이면서도 사회불안이 있어서 앞에 나가서 말을 잘 못하고, 노래방에서 노래를 못 하고, 새로운 사람 만났을 때 낯을 가리는 사람이 있거든요. 그런데 꼭 말을 할 때 "저

는 내향인이라 소심하고 부정적인 생각을 해요"라고 말을 하
는 경우가 많더라고요. 내향인은 속으로 생각하다 보니 살짝
더 비판적인 시각을 갖는 경향이 있지만 그렇다고 그런 모습
들이 오직 내향인이기 때문에 나타나는 것만은 아니에요. 성장
과정에서 학습된 여러 가지 요소와, 경험과 상처와 아픔에 의
한 영향이 더 크죠.

그리고 외향인도 자신감 없고 자존감이 낮은 사람들은 내
향인을 부러워해요. "저렇게 안 나대고, 조용하고, 남의 말도
잘 들어주고, 신중하고 너무 부럽다" 이렇게 얘기하거든요.

내향인으로 착각할 수 있는
'회피성 성격'

그런데 우리가 내향과 헷갈리는 개념 중에 회피성 성격이
있어요. 이건 외향이든 내향이든 상관없이 주로 어린 시절부
터 회피애착을 형성하면서 갖게 될 확률이 높아요. 본인이 타
고나기를 외향이면서 회피성 성격인 바람에 평생을 내향인인
줄 알고 살아가는 사람도 있죠. 자기 모습을 모른 채 다른 모

습으로 살아가니 행복하기가 얼마나 어렵겠어요.

회피성 성격이라는 건, 내가 친한 사람한테는 매력적인 모습도 보이고 친밀하고 사랑스럽게 굴지만 안 친한 사람, 낯선 사람 앞에서는 너무 힘들어하는 거예요. 그래서 그러한 사회적 상황들을 회피하는 사람들을 회피성 성격을 지녔다고 해요.

이들은 자의식이 강해요. 자의식은 '남들 눈에 내가 지금 어떻게 비춰질까?' '나는 괜찮은 사람일까?' 하는 자신에 대한 의식을 말해요. 이런 자의식이 너무 강하면 사회적 상황들이 너무 피곤하고 진이 빠져요. 그래서 사교 모임에 잘 나가지 않고, 인사 같은 것도 잘 하지 않고 웬만하면 일단 피하는데 피하고 나면 후회를 합니다. '그때 갔어야 했는데' '친해졌어야 했는데' 하면서 사실은 친하게 지내고 싶지만 막상 사회적 상황이 되면 일단 피하는 겁니다. 자신의 성격에 대한 열등감과 콤플렉스가 심해서요.

내향인과 회피성은 다른 거예요. 본인이 내향인인지, 회피성인지, 외향인인지, 외향형이지만 회피성인지 잘 생각해 보면 자신을 좀 더 잘 알 수 있을 거예요.

성격을 고치거나 비난하는 건
어리석은 짓이에요

　제가 말씀드리고 싶은 건, 나의 성격이든 남의 성격이든 비난하지 말고 장단점을 인지하며 상황에 맞게 활용하면 된다는 겁니다. 내향인은 에너지가 빨리 닳고, 비관적인 면모가 있고, 수줍음이 많고, 생각도 많아서 힘들다고 여길 수 있어요. 그렇지만 그걸 고쳐야 할 문제점으로 생각할 필요는 없어요. 그 자체를 받아들이시면 돼요. "이게 나다! 단점은 받아들이고 사회생활에 필요한 만큼 어느 정도 발달시키면 된다. 좋은 점도 많지! 그러니 나 자신을 있는 그대로 받아들이자!" 하고 말이에요.

　나의 문제를 인지만 하고 있어도 압도당하지 않을 수 있어요. 그 대신 장점도 많잖아요. 앞서 입이 닳게 설명한 것들요. 그리고 나의 성격을 고치려 들고 비난하는 주변 사람들의 말은 아직 심리학에 대한 이해가 부족해서 그렇구나 하고 흘려버리면 됩니다. 지식의 차이라고 여기세요. 우리 사회가 균일화된 시각을 가지고 있다 보니 벼랑 끝에 와 있잖아요. 말로는 민주주의라면서 서로를 생각하는 마음은 전혀 민주적이지 않잖아요. 이 책을 읽는 여러분은 거기서 나오시자고요. 최상위의 능력, 최상위의 매력은 나답게 사는 것입니다.

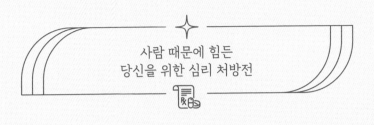

사람 때문에 힘든
당신을 위한 심리 처방전

외향적인 사람이 되고 싶다면 다음을 꼭 기억하세요.

1. '한국 사회'는 '정상'에 집착하고 모두를 균일화하려는 경향이 있어요.

2. 내향인은 결코 외향인에 비해 부족한 사람이 아니에요.

3. '회피성 성격'과 내향은 전혀 달라요.

4. 내 성격을 고치거나 비난하기보다는 장단점을 인지하며 상황에 맞게
   발달시키면 돼요.

내향인이라 괴롭다면 자신감과 자존감의 문제지 성격 때문
이 아니에요.

내 장점도, 단점도 잘 받아들이면 '나답게 사는' 최상위 능
력을 키울 수 있답니다.

18

다치지 않고 편안하게
감정을 표현하는 법

대학생 정은 씨는 친구를 만날 때 고민이 많았습니다. 상담 시간에 이렇게 말하더라고요.

"친구들이 저를 이용하는 것 같아요. 주로 자기들 이야기만 하고 저는 그냥 들어주라고 만나는 사람처럼 여겨요. 저는 원만한 친구 관계를 맺고 호감을 얻고 싶어서 무척 배려해요. 먹는 거, 노는 거 다 친구들이 원하는 대로 해주고 제가 원하는 건 생각해 본 적도 없어요. 그런데도 저는 친구들 무리에서 잘 어울리지 못하고 변두리에 있다는 느낌을 받아요. 그런 제 자신이 너무 초라하게 느껴지고 집에 오면 너무 우울해요. 친구들을 다시 만나러 가기가 싫은데 그러면 진짜 낙오자가 되는 것 같아서 불안하고요."

"그렇게 다 맞춰주고 배려했는데 오히려 어울리지 못하고 변두리에 있는 느낌이라니 정말 허탈하고 피곤하겠어요. 정은 씨가 정말 원하는 건 어떤 거예요?"

"친구들 무리에서 편안하고 싶고, 자연스럽게 어울리면서 저도 제 얘기를 하고 싶은데 그럴 용기가 없어요. 누가 제 말에 관심이나 갖고 주의를 기울이겠어요. 다들 자기가 중요하잖아요. 그나마 지금의 친구들이라도 있으려면 제가 이만큼 맞춰줘야죠."

"사람을 만나면서 솔직하게 대해본 적이 있나요?"

"없어요. 한 명 있었나? 근데 솔직하게 대했더니 엄청 싸웠어요. 저를 내세우면 친구들이 싫어할 거예요."

자기표현을 제대로
못 하는 이유

정은 씨는 왜 이렇게 친구 만나기가 불편했을까요? 자아를
감췄기 때문이에요. 사람을 만나는 주체가 내 자아인데 내 자
아를 쏙 감췄으니 대체 뭘 가지고 사람을 만날까요? 얼마나
공허하고 외롭고 쓸쓸한 관계일까요? 그렇다고 자아를 내세
우자니 친구랑 싸워요. 내 요구나 감정을 솔직하게 표현하면
과연 건강한 관계가 되는 게 맞을까 의문이 들죠.

표현을 해도 문제, 안 해도 문제, 우리는 어떻게 하면 성숙
하게 자기표현을 할 수 있을까요?

일단 우리가 솔직할 수 없는 이유는 버림받을까 두려운 공
포, 거절당할까 두려운 공포 때문이에요. 어려서부터 수용적

이고 허용적인 환경에서 자라지 못하고, 비판적이고 거부당하는 양육 환경에서 자랐다면 자기 자신의 마음을 말할 수 없어요. 울면 울지 말라고 혼나고, 신나면 자제하라고 혼나고, 요구 사항을 말하면 거절당하고, 애정이나 관심을 구했을 때 차갑게 외면당하며 무관심한 반응을 경험했다면, 그리고 그게 한두 번이 아니라 주로 그런 분위기 속에서 자랐다면 타인 앞에서 내 감정과 생각을 당연히 표현할 수 없겠죠. 그 외에도 타고나기를 예민하게 타고났다면 부모가 수용적으로 키웠어도 어느 정도 거절에 민감하기도 해요. 남의 기분을 너무 민감하게 살피다 보니 눈치도 많이 보고요.

내가 어려서부터 거절을 많이 겪었다고 해서 지금 만나는 사람들도 나를 거절하는 건 아니에요. 그건 나의 경험이고 기억의 산물이지 현재의 상황이 아니에요. 그걸 구분해야 돼요. 그리고 예민한 성향이라서 그렇다면, 상대가 나를 거절하는 게 아니라 '내가 민감하게 받아들이고 있구나' 하고 인지하는 게 좋겠죠. 자책은 하지 말고 그냥 인지만 하면 돼요. 그것만으로도 큰 상처를 받는 것은 방지할 수 있어요.

그런 두려움을 안쓰럽게 여기면서 한두 걸음씩만 상대방에게 솔직하게 다가가 보세요. 데면데면하던 사이였지만 옷 벗고 같이 사우나라도 한번 다녀오면 꽤 친밀한 사이가 되는 것처럼 내 마음을 꽁꽁 가리고 있던 그 옷을 벗어보세요. 친밀감을 형성하는 데 도움이 됩니다. 참고 쌓아놨다가 어느 날 폭발해 버리는 건 솔직함이 아니에요. 그냥 폭발이에요. 폭발하지 말고 표현해 보세요.

내가 맞춰주기만 하면 상대방이 좋아할 것 같나요? 의외로 그렇지 않아요. 초반에는 편할 수 있지만 그렇게 맞춰주기만 하면서 관계를 맺다보면 상대방은 알 수 없는 답답함과 벽을 느껴요. 진짜 내가 누군지 알 수가 없으니까요. 계속 만나는데도 상대방이 나의 생각, 의견, 감정, 소망을 알지 못한다면 누구를 만나고 있는 건지 모르겠다면 친밀감을 느낄 수 없겠죠.

나를 드러내니
오히려 관계가 좋아졌어요

정은 씨는 꾸준하게 상담을 받으면서 친구들에게 조금씩 마음의 옷을 벗고 자신을 드러냈어요.

"나 저번에 그 면접 떨어져서 너무 속상했잖아."

"나는 졸업하면 취업을 할까 창업을 할까 고민을 해."

"주말에 뭐 해? 나랑 놀러 갈래?"

그러면서 친구들과 있는 게 점점 편안해지고 친구들도 이전보다 정은 씨를 훨씬 더 좋아하게 됐어요. 이제 더 이상 변두리에 있는 사람이 아니라 동등한 친구처럼 지내기 시작했죠. 그리고 자신이 가지고 있던 '친한 친구 사이'에 대한 높은 목표나 기준을 내려놓고 그 순간을 즐기려고 했어요. 예전에는 친구를 만나고 오면 진이 다 빠졌는데 이제는 밤늦게까지 만나도 집에 가고 싶지 않다는 생각이 든다고 해요.

정은 씨는 그나마 자신의 마음을 알고 있지만 표현하지 않았던 게 문제인 터라 비교적 빠르게 호전이 되었지만 진짜 문제는 자신의 감정, 생각, 소망을 아예 알지도 못하는 거예요. 아주 어릴 때부터 꾸준하게 자신의 마음을 말할 수 없는 환경에서 자랐다면 어느새 그걸 느끼는 것부터 하지 않게 돼요. 마음이 없는 사람은 없을 텐데, 마치 내 마음이 처음부터 없었던 것처럼 여기고 머릿속에는 오직 타인밖에 없어요. 그래서 뭐가 불편한 줄 잘 모르기도 하죠. 긴장이 풀려본 사람이어야 본인이 긴장했다는 걸 아는 거예요. 애초에 늘 긴장하고 사는 사람은 본인이 긴장 상태라는 걸 몰라요. 내 마음을 느끼고 알면서 살아왔어야 내가 억누르고 있다는 것도 알아요.

만약 이 책을 보면서 '나는 안 불편해, 억누르는 게 아니야'라는 생각이 드신다면 제가 질문을 드려볼게요. 혹시 나를 누군가 싫어하는 것 같으면 어떤가요? 누군가 나에게 불편함을 드러내면 어떤가요? 저녁 내내 그 생각을 하나요? 내가 무엇을 잘못했는지, 앞으로 어떻게 행동해야 그 사람 마음이 풀릴지 밤새 생각하나요?

내가 정말 나를 감추고 억누르고 산 게 아니라 편안한 게 맞다면, 타인이 나에 대해 떠들어대는 소리와 나에 대해 느끼는 부정적인 감정이 그 정도로 신경 쓰이지 않아요. 잠시 속상하고 기분 나쁠 수 있지만 저녁 내내 생각이 거기에 매여서 스트레스를 받지 않아요. 어쩌면 너무 오랫동안 억누르고 나를 감춘 나머지 내가 그러고 있다는 사실조차도 모르기 때문에 불편함이 적은 건지도 몰라요. 그 대신 모두를 만족시키기 위해 굉장히 애쓰고 누구 하나 토라지면 온 마음을 쏟아야 하는 고통 속에 사는 거죠. 혹은 몸이 아플 수 있어요. 감정은 내가 표출해 주지 않으면 몸으로라도 표출되거든요. 내가 너무 불쌍하잖아요. 거절당했던 수많은 경험과 기억 속에서 여전히 나를 억누르고 살아가고 있다는 걸 생각하면 내가 너무 안쓰럽잖아요. 이제 꺼내주세요. 그게 훨씬 더 호감을 주고 편안함을 줘요.

모두에게 솔직할 필요도
모두와 친해질 필요도 없어요

그런데 주의할 점을 두 가지 기억해 주세요. 하나는, 누구에게나 솔직하지는 마세요. 내가 정말 신뢰할 만한 사람, 내가 호감이 있고, 가까워져도 안전할 만한 사람에게 솔직하세요. 모든 사람하고 친해질 필요는 없잖아요. 정말 내가 친해지고 싶고 편안해지고 싶고 친밀해지고 싶은 사람은 아주 소수일 거예요. 그게 다수라면 친밀감보다는 관심받고 주목받고 싶은 다른 욕구와 관련된 거겠죠. 내가 솔직하게 마음을 나눌 수 있는 사이가 세 명 정도 되면 엄청 부자라 할 만해요. 보통은 한 명도 만들기가 어렵거든요. 왜냐면 우리는 두렵잖아요. 뒤통수 맞을까 봐요. 우리 사회가 친구 하나 친밀하게 사귀기 어려운 강퍅한 사회가 되었다는 게 정말 씁쓸해요.

그런데, 꼭 사회 분위기뿐만 아니라 나의 마음도 돌아봐야 해요. 우리는 상대방이 나와 같이 생각하지 않고 독립적으로 행동할 때 서운해하면서 혼자 상처받고 다시 혼자가 되려고 하는 경우가 있어요. 이렇게 하면 상대방을 존중하지 않는 거나 마찬가지예요. 상대방의 삶이 있고 생각과 인격이 있는데 그게 나와 다르다고 나를 사랑하지 않고 원하지 않는다는 결론을 내버리니 상대방에게 솔직하게 마음을 열기가 너무 어려워져요. 내가 상대방을 존중하는 만큼 나도 존중받을 수 있다는 사실을 기억해야 해요.

두 번째는, 상대방을 존중하면서 솔직하게 대하세요. 감정적으로 폭발하는 식의 표현은 솔직함이 아니라 폭발이고, 상대방을 비난하는 무례한 솔직함은 그냥 무례함이에요. 이 부분을 조심하기 위해서는 상대방을 지적하는 식으로 말하기보다는 "나의 마음이 이렇다", "나의 의견은 이렇다"라고 내 주관적인 생각과 느낌을 표현하는 것이 좋아요. 내 생각이 온 우주의 진리라도 되는 양 말하기보다는 "네 생각은 어떨지 모르겠지만 내 생각은 이래", "나는 그때 이렇게 느꼈어. 널 비난하려는 건 아냐. 네 입장도 이해하지만 나도 마음에 어려움이 있다 보니 너에게 털어놓고 싶었어"와 같은 식으로 이야기하면 상대방을 나쁜 사람으로 만들지 않고, 나도 나쁜 사람이 되어 비하하지 않으면서 내 마음을 드러낼 수 있어요.

제가 어떤 친한 분에게 전화를 했는데 부재중이었어요. 그런데 다음 날까지 저에게 전화를 해주지 않았어요. 기분이 별로였죠. '나를 존중하지 않는 걸까? 왜 못 받았는지 문자 하나쯤 남겨줄 수 있지 않았을까? 하루가 지났는데도 답이 없으니 나를 피하거나, 내 존재를 잊어버릴 만큼 내가 별로 중요한 사람이 아닌가 보다' 하는 등 별생각이 다 들었어요. 이럴 땐 어떻게 하면 좋을까요? 이런 마음을 일일이 다 말하기도 좀 그렇고, 그렇다고 아무렇지 않게 대하자니 마음은 그게 아니고. 그다음 날 드디어 전화가 왔어요.

"선생님, 제가 어제 너무 바빠서 이제야 전화를 드려요."

"아, 저는 이제 막 삐지려던 참이었는데 마침 전화를 주셨네요. 조금 더 늦었으면 삐지는 건데 굿타이밍이에요." 그랬더니 그분이 박장대소를 하면서 저에게 말했어요. "이렇게 솔직하게 말해줘서 고마워요. 저는 이런 게 얼마나 고마운지 몰라요."

그게 왜 고마울까요? 사실은 기분 나쁘면서 꽁꽁 숨기면 어차피 티가 나서 결국 불편해질 텐데, 적당히 솔직함으로써 그렇게 만들지 않은 거잖아요. 제가 정말 아무렇지 않은 척하면 그분은 편할까요? 벽을 하나 더 쌓는 것일 뿐이에요. 그렇다고 제가 정색하며 화를 내고 진지하게 장문의 문자를 보낸 것도 아니고요. 무례하지 않으면서 속상했었다는 언급을 적당히 솔직하게 해주니 그분도 웃으면서 사과하고 넘길 수 있고 벽이 하나 더 사라지는 느낌이 들죠. 그렇게 점점 더 친밀한 사이가 되어가는 거예요.

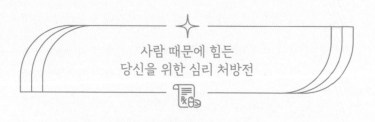

사람 때문에 힘든
당신을 위한 심리 처방전

성숙하게 감정 표현을 하고 싶다면 다음을 꼭 기억하세요.

1. 자아를 감추면 친구를 만나도 불편한 마음이 들 수밖에 없어요.

2. 계속 만나도 상대방이 나의 생각, 의견, 감정, 소망을 알지 못한다면

   친밀감을 느낄 수 없어요.

3. 억눌린 감정에서 나를 꺼내주세요.

4. 모두에게 솔직하지 않아도 돼요. 또 모두와 친해질 필요도 없어요.

내가 상대방을 존중하는 만큼 나도 존중받을 수 있어요.

주관적인 표현을 쓰면 상대방을 나쁜 사람으로 만들거나

나쁜 사람이 되지 않고 내 마음을 드러낼 수 있습니다.

5부

나 자신과의 건강한 관계
다시 맺기

여기까지 읽으셨다면 결국 건강한 사회생활, 건강한 대인 관계는 건강한 나 자신에게서 시작된다는 것을 아실 거예요. 나의 힘듦은 누구 때문도 아닌 나 때문이라는 것을요. 타인이 무례하고 선을 넘어도 내가 단단하면 영향을 받지 않기 때문에 그 역시 나만 돌아보면 될 일이죠. 혹은 타인이 나를 사랑해 주지 않고 피하는 것 같아도 내가 마음이 허전하지 않았다면 그렇게 영향을 받지 않았을 일입니다. 우리가 누군가를 바꾸기는 어렵습니다. 강제로 마음을 요구하는 건 더 불가능하고요. 나 자신도 바꾸기 어려운데 누구를 바꾸나요? 우리는 나만 생각해요. 나를 더 강하고 단단하게 만들어가면 나의 세상과 사회는 그렇게 지옥이 아닙니다. 혼자서도 괜찮고 함께여도 괜찮고, 잘해도 괜찮고 못해도 괜찮고, 비난을 받아도 괜찮고 칭찬을 받아도 괜찮은 평온한 상태가 될 거예요. 자존감이 채워진다면요. 빠른 시간 안에 되기를 바라기보다는 지난 나의 역사를 차곡차곡 돌아보면서 천천히 오래 안아주세요. 내가 나를 오랜 시간 받아주면 내가 해맑게 살아날 거예요.

19

내 안의 수치심과
죄책감 닦아내기

30대 주부인 정민 씨는 삼남매 중 둘째였어요. 어머니는 예민해서 감정 기복이 심한데 그걸 자녀들에게 다 드러내는 사람이었고, 아버지는 칭찬에 인색하고 규율과 통제가 강한 사람이었어요. 정민 씨의 언니는 공부를 잘하고 엄마 아빠 말씀을 순응적으로 따르는 큰딸이었고, 정민 씨의 남동생은 막내면서 유일한 아들이어서 잘못이나 실수가 좀 용납되는 분위기였어요. 정민 씨는 상담 시간에 저에게 말했어요.

"저는 친정집이 가장 불편해요. 그 집에서 저만 제일 못났고, 문제 있는 사람이거든요. 20대까지는 정말 많이 혼났어요. 제가 말을 엄청 안 들었대요. 지금도 늘 비난을 듣기는 하죠. 저는 그 집에서 혼자만 사랑받지 못했어요. 저만 별나니까요."

"주로 무슨 소리를 하셨어요?"

"너는 항상 그게 문제야. 너는 네 멋대로야. 누가 너 같은 걸 키우니? 네 자식은 너를 안 닮아 정말 다행이야. 네가 내 말대로 했으면 지금 그렇게 힘들었겠어? 네가 칭찬받을 만한 짓을 해야 칭찬을 하지. 네 언니랑 너무 달라."

"와… 어마어마한 폭력이네요. 그런 소리를 들을 만큼 잘못하신 게 있어요?"

"글쎄요? 학원 다니기 싫다고 한 거? 친구랑 놀다 집에 10시쯤 들어간 거? 아르바이트했던 거?"

"제 가슴이 너무 답답해지네요. 잘못한 게 없으시잖아요."

"엄마에게는 제가 안중에도 없었던 것 같고, 아버지는 제가 정말 마음에 안 드셨던 것 같아요. 지금도 저는 아버지가 좋아하는 활동들을 하면서 아버지를 배워가려고 애써요. 아버지는 제가 생각해도 정말 대단하신 분이고, 저는 평생 아버지를 따라잡지 못할 거예요. 인정받고 싶어요."

"아버지가 이제 70대 중반의 노인이 되었는데도 아버지를 높은 산으로 보시네요? 아버지가 무너지는 모습을 본 적이 있으세요? 불쌍하다고 느낀 적이 있다든지?"

"한 번도 없어요. 아버지는 대단히 존경스러운 분이고 안쓰럽게 느껴본 적이 전혀 없어요."

정민 씨는 자신을 매우 부족하고 수치스러운 존재로 여기고, 자신을 엄청 혼냈던 아버지를 이상화, 우상화시켜서 바라보고 있었어요. 그분처럼 되지 않으면 나는 평생 부족하고 한심한 사람, 아버지의 기준에 미달되는 형편없는 딸일 뿐이라고 스스로를 깎아내리면서 살았죠.

내가 너무 자격 미달이라
사는 게 지옥인가요?

우리는 사랑받고 싶고 인정받고 싶은 대상을 완벽한 존재
로 느끼면서 거기에 미치지 못하는 자신을 탓하면서 살아요.
너무 슬프지 않나요? 저는 정민 씨와 대화를 하면 가슴이 아
프고 답답해져요. 자아가 없잖아요. 오직 타인의 기준만 팽배
하고 타인의 인정에 조급해해요. 자신의 존재는 부정하면서
말이죠. 왜 부정할까요? 못난이라고 생각하니까요.

하지만 내가 못난이라는 그 말은 남이 심어준 것일 뿐 진짜
사실이 아니에요. 사람은 누구나 못났기도 하고 잘났기도 해
요. 정민 씨는 그러더라고요.

"제가 아버지에 비해 정말 못나긴 했어요. 공부도 못하고

친구도 못 사귀고 욕심은 많고 제멋대로가 맞아요."

"온통 아버지가 하던 말이군요?"

"네… 그러고 보니 그렇네요…."

부모가 자신의 못난 부분 혹은 결코 있어서는 안 된다고 생각하는 불안한 부분을 어느 한 자녀에게서 발견할 때 강한 통제와 비난을 쏟아낼 수 있어요. 그건 사실 자기 자신의 모습이 자녀에게서 보일 때 극도로 민감해지면서 감정적인 반응을 쏟아내는 거예요. 애써 억누르고 감추고 고치며 살았던 나의 약점들을 자녀에게서 볼 때 말이죠. 그건 자녀를 비난하는 게 아니라 사실은 자기 자신을 비난하는 겁니다. 그러고 있는 줄도 모르는 채 말이죠. 그걸 구분해야 돼요. 내가 너무 싫어하는 내 모습을 자녀에게서 볼 때 수치심을 느끼는 나머지 자녀가 수치심을 느낄 만한 말들을 쏟아내요. 그 행동을 수정하도록 교육하는 게 아니라 인신공격을 하고 창피함과 죄책감을 갖게 하는 말들로 상처를 냅니다. 그건 사실 부모가 자기 자신에게 하는 말일 거예요.

그런 말을 듣고 자란 자녀는 깊은 수치심에 시달리게 됩니다. 나에게는 결점이 많아서 사람들에게 거부당할 거고, 어디에도 소속될 수 없을 거라고 잘못된 믿음을 가진 채 살아가게 되죠. 수치심은 죄책감보다 더 고통스러워요. 죄책감은 나의 특정 행동이나 사건이 잘못되었다고 느끼는 것이지만 수치심은 그런 사건이나 행동과 상관없이 내 존재 자체가 잘못됐다고 느끼는 거예요. 수치심이 깊게 깔린 사람은 자신의 능력을 잘 발휘하지 못하거나 아니면 과도하게 증명하려고 해요. 관계에서는 주로 회피하거나 경직된 반응을 보이고 아니면 공격적, 적대적, 집착적으로 관계를 맺을 수 있어요. 그리고 수치심이 있으면 자신의 겉모습, 외모도 수용적으로 받아들이기 어려워해요. 실제보다 더 부정적으로 자신의 외모를 평가합니다.

수치심은 누구나 느낄 수 있어요. 적절한 상황에서 적당한 수준으로 수치심을 갖는 건 괜찮아요. 그래야 자기반성이 있고 타인을 배려해요. 그러나 수치심이 지나치면 사는 게 정말이지 너무 힘들어집니다. 내가 나랑 사는 건데 내가 부끄럽고 미우면 도대체 어떻게 살아야 해요? 이러니 우리 사회가 이번 생은 망했다는 둥, 왜 내 허락도 안 받고 나를 낳았냐는 둥, 삶에 아무 미련이 없어서 자다가 죽었으면 좋겠다는 둥, 이런 끔찍한 말들에 누구나 다 공감하는 이상한 사회가 되어버렸어요. 원래 사는 게 이 정도로 힘든 게 맞는 거예요? 이상하지 않

아요? 나를 받아들일 수가 없고, 내가 너무 자격 미달이니까
사는 게 지옥이죠.

여러분은 결코
잘못된 존재가 아니에요

    이런 태도는 나만 힘든 게 아니라 다른 사람도 힘들게 해요.
수치심에 시달리는 사람은 저 깊은 곳에 분노가 내재되어 있
을 가능성이 높아요. 어려서부터 비난을 들었지만 사실은 그
비난에 반기를 들고 싶었던 내 진짜 자아, 내 불쌍한 자아가
저 속에서 화가 나 있을 거예요. 나에게 수치심을 안겨준 사람
혹은 그와 관련 없는 사람이라도 그 사람을 공격하면서 분노
하고 말아요. 연인이나 가족, 친한 친구, 가까운 직장 동료, 혹
은 알지도 못하는 불특정 다수를 향해 비난을 쏟아내기도 하
고요. 그래서 나의 수치심을 타인에게 전가하려고 해요. 악플
을 달고 맹비난을 하고, 뒷담을 하고 공격적으로 화를 내면서
'네가 문제야. 내가 아니라 네가 문제라고!' 하고 외치는 거예
요. 정민 씨 아버지가 정민 씨에게 해왔던 행동을 내가 타인과

사회를 향해 쏟아내는 거죠. 아까 말씀드렸듯이 그 비난은 사실 자기 자신을 향해 하고 있는 거거든요. 그 방향이 진짜 자신에게로 향하는 걸 견디지 못하니까 타인을 겨냥한 것뿐 사실은 자신을 용납하지 못하는 거예요.

이런 사람들은 자신을 용납하지 못하니 당연히 타인도 나를 용납하지 않을 거라고 굳게 믿고 사회 안에서 위축된 모습, 회피하는 모습으로 남아 잘 적응하지 못합니다. 진정한 소속감을 느끼지 못하고 겉돌고 소외되는 순간들이 많아져요. 그러면 자신을 둘러싼 사회의 구성원들을 미워하기 시작해요. 그래야 내가 덜 다치는 것 같거든요. '너희들이 나를 이렇게 만들었어. 이 세상은 썩었어. 온통 차별과 편견으로 가득해. 진정한 친구도 없고 스승도 없고 연애나 결혼도 다 미친 짓이지' 하면서 점점 더 큰 분노를 쌓아갑니다.

그러나 본인의 스펙이 좀 부족하고 외모가 남보다 못한 것 같아도 함부로 남의 이야기를 하지 않고, 악플 다는 것에 관심이 없고, 연예인을 가십거리로 삼아 떠들지 않는 사람들도 있습니다. 자기 자신이 존재만으로도 충분히 괜찮다고 느끼는 사람은 사회를 향해, 내 주변 사람을 향해 비난을 쏟아내는 것보다 더 의미 있는 것들을 삶에서 자주 발견하기 때문에 굳이 그런 데서 재미를 찾을 이유가 없죠.

　제가 정민 씨에게 말했던 것처럼 이 책을 읽으시는 분들께도 묻고 싶어요. 뭘 그렇게 잘못하셨나요? 그게 그렇게 큰 잘못이라고 누가 그러던가요? 그런 말들은 그저 누군가의 주관적 판단일 뿐일 수 있어요. 내 존재 자체가 부끄럽고 수치스럽고 잘못된 존재라고 느낄 만큼 잘못되려면 도대체 얼마나 큰 잘못을 저질러야 하나요? 얼마나 잘못된 존재여야 하는 거죠? 여러분은 결코 잘못된 존재가 아닙니다. 그런 소리 들을 만큼, 그런 수치심 느낄 만큼 잘못된 존재가 아니에요. 다른 사람을 향한 은밀한 손가락질과 세상을 향한 잠재적 분노, 그리고 나 자신을 향한 맹목적인 비난을 이제 그만 멈추고 진짜 자기 자신을 보세요.

더 나은 사람이 되려고
애쓸 필요 없어요

　저는 정민 씨에게 말했어요.

　"다이아몬드가 엄청 영롱하고 반짝이는데 겉면에 먼지가

많이 묻어 있으면 그냥 돌멩이인 줄 알고 함부로 대해요. 그런데 그건 다이아몬드거든요. 먼지 묻었다고 돌멩이가 되지는 않아요. 못 알아볼 뿐이지. 안경 수건 같은 걸로 살살 닦고 문지르다 보면 돌멩이에 슬슬 빛이 나기 시작해요. 제가 안경 수건으로 닦아드릴게요. 제가 정민 씨를 진심으로 아끼고 사랑하겠다는 뜻이에요. 어렵지 않아요. 원래 사랑스러운 것을 사랑하는 것은 어렵지 않거든요. 그 비싼 다이아몬드를 귀하게 여기는 건 어렵지 않잖아요.

근데요, 저 혼자만 열심히 안경 수건으로 닦는 게 아니라 정민 씨도 자기 자신을 그렇게 닦아줘야 해요. 조심스럽게, 귀하게 먼지를 닦으면서 진짜 자기가 얼마나 빛나고 영롱한 사람인지 지금부터 우리 같이 보자고요. 다이아몬드는 빛나려고 노력하지 않아요. 그냥 가만히 있어도 빛나는 거예요. 더 나은 사람이 되려고, 부족한 거 고치려고 애쓸 필요 없어요. 정민 씨는 이미 빛나는 사람이에요. 다만 겉에 묻은 먼지, 그 상처와 비난을 같이 걷어내 보자고요. 그러면 자기가 얼마나 빛나는 사람인지 알 수 있을 거예요."

정민 씨는 눈물을 흘렸어요. 아무 말 없이 고개를 숙이고 울기만 했어요. 저는 말했어요.

"다이아몬드가 눈물을 흘리니까 더 빛이 나네요."

그렇게 울다가 웃다가 하면서 상담을 마쳤지만, 정민 씨가 자신을 안경 수건으로 살살 닦으며 사랑해 주는 일은 역시나 결코 쉽지 않을 거예요. 정민 씨는 아주 고집스럽게 자신을 미워해요. 그러니 어린 시절부터 차곡차곡 심어진 거절과 비난이 얼마나 무서운 건지, 그 경험과 숱한 말과 차가운 표정들이 얼마나 사람을 갉아먹는지 우리는 알아야 해요. 그리고 나의 이 수치심은 그저 그런 무지함에서 비롯된 심리적 폭력의 산물일 뿐이지 실제가 아니다, 사실이 아니다, 라는 것을 반드시 기억해야 해요.

수치심의 먼지를 닦아
나를 빛나게 해주세요

제가 지금 안경 수건을 하나 드릴게요. 그걸로 닦으세요. 지금 한번 아래의 문장들을 소리 내서 읽어보세요. 꼭 소리 내서 읽어야 해요.

"나는 지금도 충분하다."

"나는 꼭 필요한 사람이다."

"나는 사랑받을 만한 사람이다."

"나는 가치 있고 소중한 사람이다."

읽으셨어요? 수치심을 느낄 때마다, 내가 싫을 때마다 이 말을 하세요. 혹은 매일 밤 자기 전에 거울 보고 스스로에게 말하세요. 그게 수건으로 내 먼지를 닦는 거예요. 닦다 보면 빛이 나요. 아니, 원래부터 빛나는 존재였다는 걸 알게 돼요.

처음에는 전혀 설득이 안 되고 따라 하기 많이 힘들 수 있어요. 쉬웠으면 지금까지 그렇게 고생하지도 않았겠죠. 하지만 매일 꾸준히 하다 보면 먼지가 걷힐 겁니다.

그리고 한 가지 더, 나에게 아직도 수치심과 죄책감을 심어주는 말을 하는 사람이 있다면 물리적으로 멀리하세요. 가능한 한 만나지 말고, 만남이 불가피하다면 최소한으로 만남을 줄이고 말을 섞지 않고 대화하지 않는 거예요. 혹시나 어쩔 수 없이 부딪혀서 또 그런 말을 한다면 그건 그 사람의 문제라고 생각하세요. 일일이 대답하면서 대응할 필요 없어요. 그렇게 해서 비난을 멈추게 할 수 있다면 좋지만 가족이라면 그게 정말 어렵거든요. 상대방을 바꾸려고 하면 내가 절망합니다. 내가 거리를 두고 듣지 않는 것이, 들어도 나와 상관없는 너의 문제로 흘려버리는 것이 차라리 낫습니다.

그리고 나를 존중해 주는 사람도 분명 있어요. 나를 존중해 주는 사람과 가까이 지내면서 귀한 다이아몬드가 다치지 않게 지켜주세요.

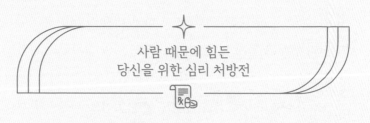

내가 부족한 사람인 것 같아 괴롭다면 다음을 꼭 기억하세요.

1. 내가 못났다는 말은 남이 심어준 것일 뿐 진짜 사실이 아니에요.

2. 상대를 강하게 통제하고 비난하는 사람은 사실 자기 자신을 비난하는 것일 수 있어요.

3. 나는 결코 수치심을 느껴야 할 만큼 잘못된 존재가 아니에요.

4. 수치심과 죄책감을 심어주는 말을 하는 사람은 가능한 한 멀리하세요.

나는 원래부터 빛나는 존재였다는 사실을 잊지 마세요.

나를 존중해 주는 사람과 가까이 지내면서 나라는 귀한 다이아몬드가 다치지 않게 지켜주세요.

20

자기 비하와
자기 비난에서
벗어나는 법

"저는 사람들에게 당당하고 멋있어 보이려고 좀 많이 노력을 했어요. 스포츠도 많이 배웠고 자격증도 많이 땄고 옷도 많이 신경 써요. 물론 몸무게에 대한 강박도 심하고요. 근데 그렇게 노력을 해도 앞에 나가서 발표를 하거나 많은 사람을 만나는 모임에 가게 되면 너무 긴장을 해서 삐걱거려요. 사람들이 저를 자존감 낮은 사람으로 볼 것 같아요."

20대 후반인 대학원생 연이 씨는 평소에 자신이 자존감 낮은 사람처럼 보일까 봐 걱정을 많이 했어요. 늘 긴장 상태로 사는 것처럼 보였어요. 사실 연이 씨는 사회에서 우러러볼 만한 조건을 두루 갖춘 사람이었어요. 집안 형편도 넉넉하고 명문대 대학원생에 미래의 직업군도 확실한 편이고 이성에게 인기도 있는 편이었어요.

그런 연이 씨의 고민이 '자존감이 낮아서 괴로워요'도 아니고 '자존감이 낮은 것처럼 보일까 봐 괴로워요'라니요. 자기 자신에게 전혀 가닿아 있지도 않은, 정말 갈 길이 먼 사례 중에 하나였죠. 자존감이 높아지고 싶은 이유조차 타인의 시선 때문이잖아요. 남 보기에 괜찮게 사는 사람처럼 보이고 싶어서요. 내가 나를 사랑하지 않는 것은 그렇게 속상할 일이 아닌데 남이 나를 사랑하지 않는 게 너무 괴로운 일이 되어버린 거예요.

타인의 인정으로
자신을 만들어가는 사람들

    언제부터 이렇게 자기를 홀대했을까, 온통 타인의 사랑과 인정으로만 자신을 구축하는 삶은 얼마나 압박이 될까, 인정을 받는다 한들, 사랑을 받는다 한들 만족의 순간이 얼마나 짧을 것이며, 상대방의 관심이 끊길 때 얼마나 상처를 받고, 그렇게 사랑받으려 노력했던 자신의 삶에 얼마나 공허함과 회의감을 느낄까, 저는 너무 마음이 아파서 차마 무슨 대답을 하지 못했습니다.

    연이 씨는 자신을 가만히 두지 못했어요. 매우 강박적으로 자신을 다뤘는데 좋아서 그러는 게 아니라 쫓기듯이 그렇게 했어요. 멋진 사람, 훌륭한 사람이 되려고 정말 많이 애를 쓰는

데 이상하게 마음은 채워지지를 않는 거예요. 그러니 상담을 신청해서 하소연을 하고 있는 거죠.

자존감은 조건이나 스펙에서 나오지 않아요. 물론 어느 정도의 영향은 줄 수 있어요. 10년 동안 취준생이면 어떻게 자존감이 높겠어요. 스트레스로 폭식을 하고 고도비만이 되면 어떻게 자존감이 높겠어요. 어떻게 직장에서 매일 혼나기만 하는데 자존감이 높겠어요. 당연히 신체적, 외부 환경적, 자기 효능적인 부분을 어느 정도 갖출 때 자존감이 향상되는 것도 어쩔 수 없는 사실이지만, 그게 핵심은 아니에요. 결정타도 아니고요. 연이 씨는 뛰어난 학벌과 외모와 집안을 모두 갖추었지만 자존감이 매우 낮은 수준이었거든요.

자존감을 높이기 위해서 나의 조건이나 스펙을 채우고 외모를 가꾸는 것도 중요하지만 정말 근본적으로 필요한 건 자기 수용이에요.

나를 주눅 들게 하는 건
다름 아닌 나예요

우리는 어려서부터 듣던 비난의 소리를 내면화시켜서 끊임없이 나에게 잔소리를 해요. 그건 사실 내 생각이 아니라 어려서부터 외부에서 듣던 소리일 뿐인데 내면화가 되면 마치 내 생각인 것처럼 내 안에서 들려오죠. 우리가 하루 동안 나 자신에게 하는 말 중에 대부분은 칭찬이 아닌 비난, 당근이 아닌 채찍입니다.

'나는 소심하다, 나는 예민해서 피곤하다, 나는 머리가 나쁘고 게으르다, 나는 이기적이고 차갑다, 나는 고집스럽고 성질이 더럽다, 나는 인내심이 없고 애같이 군다, 내가 하는 생각들은 정상적이지 않고 이런 감정을 느끼는 것은 문제가 있는 거다.'

듣기만 해도, 보기만 해도 저는 벌써 주눅이 들어요. 이런 말을 들으면서 주눅이 들지 않는 사람이 있을까요? 다름 아닌 내가 나를 이렇게 주눅 들게 하고 있는 거예요.

자존감이 높아지려면 당연히 주눅 들게 하지 말고, 눈치 보게 하지 말아야겠죠. 내가 어떤 사람이든 있는 그대로 받아주세요. 나를 자꾸 지적하는 사람 앞에 있으면 위축되고 눈치를 보는 법이에요. 그걸 그만해야 내가 기를 펴고 살 수 있어요. 자존감이 높다는 건 나에게 억지스러운 칭찬을 하고 강제로 파이팅을 외치는 게 아니라 자존감이 낮은 내 모습을 그대로 받아들이는 거예요.

자존심이 센 사람은 자신의 약한 모습이 노출되거나 누가 나의 약점을 건드렸을 때 자존심이 상해요. 그러나 자존감이 높은 사람은 스스로 약점을 드러낼 줄도 알고 누가 건드려도 별로 타격감이 없어요. 우리는 자존심을 지키는 게 자존감을 높이는 거라고 착각하는 경우가 많아요. 오히려 반비례인 경우가 많죠. 자존심이 세면 자존감이 낮고, 자존감이 높으면 자존심을 부리지 않습니다. 남에게 보이는 내가 중요한 게 바로 자존심이거든요. 남과 비교해서, 남이 봤을 때 인정받을 만한 것들에 치중한다면 자존심을 키우고 있는 거예요.

자존심이 아닌 자존감을 키우려면 연약하고 볼품없는 지금의 내 모습을 그대로 안아주세요.

'소심할 수도 있지. 예민할 수도 있지. 머리 나쁠 수도 있지. 좀 게으를 수도 있지. 이기적이고 차가울 수 있지. 그런 사람도 있는 거야. 그럴 만한 이유가 있는 거야' 하면서 정말 별로인 나를 이해해 주고 믿어주면 그 애가 성장을 할 겁니다.

내 안에 있는 아이를 양육한다고 생각해 보세요. 내가 엄마나 아빠가 되어서 그 아이를 돌보는데 늘 잔소리만 하고 지적만 하고 요구 사항만 많다면 너무 무섭고 잔인한 엄마 아빠이지 않을까요? 그 아이의 편을 좀 들어주세요. "너도 이유가 있었겠지. 너도 힘들었겠다. 네가 어떤 모습이라도 넌 이미 충분히 귀해"라는 마음으로 내 안의 아이를 끌어안아 주세요.

단점이나 약점을 방치하고 살라는 뜻이 아니에요. 사회에 적응할 수 있게, 또 타인에게 피해를 주지 않게 고칠 것들은 고쳐야 하는데 그 방식이 채찍질만으로는 오래가기 어렵다는 거예요. 채찍질은 단순히 특정 행동 하나를 수정할 수는 있을지 몰라도 전반적인 성장을 하게 하지 못하고 오히려 경직되게 만들어요. 그러나 나를 친절하고 너그럽게 대하면 당장은 별로 발전하지 않는 것처럼 보이지만 전반적으로 나아지게 돼요. 조금씩 모든 면에서 성장하고 괜찮은 사람이 되어가게 하죠.

한심한 나를 받아들이는 게
너무 어려워요

연이 씨에게 자신 안에 있는 아이를 사랑해 주고 지금 모습 그대로 받아들이자고 했더니 이렇게 말했어요. "나를 받아들이는 건 너무 어려워요. 내가 양육하는 내 속에 그 애가 사랑스러운 짓을 하지 않는데 어떻게 사랑을 해요? 한심하고 미운 짓만 하는데 어떻게 칭찬을 하나요? 뭔가 이루고 발전을 해야 예뻐해 줄 거 아니에요?"

"그러게요. 육아가 이렇게 어려워요. 그런데요, 뭘 잘해서 사랑해 주고, 뭘 못했다고 사랑해 주지 않는 건 애초에 사랑이라고 부를 수 없는 것 같아요. 그런 대접을 받는 연이 씨 안에 그 아이가 너무 안쓰럽지 않나요? 그 아이는 얼마나 외롭고 쓸쓸할까요. 연이 씨가 외면하잖아요. 그 애는 못나고 싶어서 못난 게 아니에요. 누군가는 이야기를 들어주고 이해해 줘야 그 아이가 비로소 성장해서 발전이라는 걸 하기 시작할 거예요."

"그래도 제 안에서 계속 저를 꾸짖는 소리가 멈추지 않아요. 그게 너무 괴로운데 그걸 안 하면 더 불안할 것 같아요."

"맞아요. 그렇겠죠. 27년을 나를 따라다닌 내 속의 잔소리꾼이 상담 몇 번 받았다고 나가겠어요? 자기가 집주인인 줄 알고 살았는데 알고 보니 세입자였다니 억울해서 그렇게 쉽게 방을 빼겠어요? 근데 그 잔소리하고 지적하는 애도 알고 보면 내 약점 중에 하나거든요. 그 애도 내가 양육하는 애 중에 하나라고요. 실컷 잔소리하게 두시고, 마무리로 그 애도 받아주시면 돼요. '다 떠들었니? 그래 너도 그럴 만한 이유가 있겠지' 하면서 받아주면 그 애도 어느새 성장해서 방을 뺄 겁니다."

내 안의 잔소리꾼
잠재우기

그런데 중요한 건, 그 내면의 잔소리꾼이 요구하는 것을 실제로 따르지는 말라는 거예요. 나를 비판하는 내용에 순종하지는 마세요. 그리고 반대로 내 진짜 마음을 따르세요. 그러기 위해서, 먼저 종이 한 장을 반으로 접어서 한쪽에는 내가 되고 싶은 나의 모습을 죽 쓰고, 한쪽에는 내가 싫어하는 내 모습을 죽 써보세요. 예를 들어서 저는 싫어하는 모습 쪽에 나대는 성격이 싫다고 썼어요. 그리고 내가 되고 싶은 모습은 과묵하고 차분한 사람이라고 썼어요. 저는 실제로 말 많고 나대고 적극적인 제 모습을 싫어했었거든요. 어디 가서 그러고 오면 늘 후회했고 다음에는 가만히 있자고 다짐했었어요.

그러고 나서 그 옆에 조그맣게 '내가 왜 그런 마음을 갖게 되었을까?' 그 원인을 적어보세요. 과거 경험이나 들어왔던 소리, 내가 살아온 환경 등 여러 가지 이유가 있을 거예요. 주로 어릴 때 성장 과정을 생각해 보세요. '누가 나의 적극적이고 활발한 모습을 제지했지? 어떤 환경이? 어떤 경험이? 어떤 말이 나를 그렇게 만들었을까?' 생각해 보는 거예요.

어떤 분들은 저와 반대로 나의 싫어하는 모습에 조용하고 차분한 모습이라고 쓰고, 되고 싶은 모습에 활발하고 적극적이고 주도적인 사람이라고 썼을 수도 있어요. 그 옆에 '왜? 왜 조용한 게 싫지? 내가 조용히 있을 때 어떤 마음인데? 누가 조용한 나를 어떻게 바라봤었나?' 하고 나의 감정과 과거 경험들을 떠올리며 적어보세요.

이처럼 내 안의 잔소리꾼, 나를 비난하는 소리는 사람마다 내용이 다 달라요. 그러니까 정말 터무니없고 줏대 없는 녀석이죠. 한 사람 안에서만 절대적인 신념일 뿐이지, 사실 누구에게는 적극적이고 말소리가 크다고 비난하고, 누구에게는 조용하고 소극적이라고 비난한다니까요? 근데 그게 우리의 절대적 믿음이 돼버렸다니 웃기잖아요. 그걸 기준으로 나를 계속다그치고 잔소리하면서 애써 고치려고 한다는 게 참 에너지낭비잖아요.

내 속에 있는 잔소리꾼은 우리의 과거 경험, 선생님이나 부모의 가치관 등에 따라서 제각기 다르게 비난하는 아주 상대적인 녀석인 거죠. 그럼 그 소리를 따를 필요가 있어요? 내가지닌 어떤 특성과 감정이 어쩌면 누군가에게는 너무 갖고 싶은 점이 될 수 있어요. 여러분은 생각보다 더 멋진 사람일지몰라요. 적극적이고 열정적인 모습이 누군가를 불편하게 하고질투심을 유발할 테니 그냥 최대한 튀지 않고 두루두루 조화롭게 지내라는 내면의 잔소리꾼 때문에 나를 받아들이기 어려웠던 것뿐이에요. 그 목소리는 사실 진리가 아니고 객관적 사실이 아니에요. 나의 환경이 나를 그렇게 억압했던 것뿐이라는 걸 이해한다면 그 소리가 힘을 잃을 거예요.

진짜 내 목소리를
들어보세요

그렇게 나를 받아들이면 내가 타고난 모습 그대로를 살리면서도 마음이 편안해지고 사람을 대할 때도 한결 자연스럽고 당당해져요. 결국 관계를 맺는다는 건, '너'와 '나'가 만나서 관계를 맺는다는 건데 우리는 '나'를 잃었어요. 진짜 내 모습, 내가 타고난 본성과 성격, 기질을 모두 비판적으로 바라보며 고치려고만 들면 '너'와 관계를 맺는 '나'라는 주체를 잃어버려요. 그러면 관계 맺기라는 게 너무나 부자연스럽고 억지스럽게 이어나가야 하는 숙제가 되어버리죠.

여러분은 어쩌면 생각보다 훨씬 멋진 사람일 수 있어요. 그걸 살려봐요. 이제부터 내가 살고 싶은 대로 살아봐요. 내면화된 목소리가 아닌 진짜 내 목소리를 들어봐요.

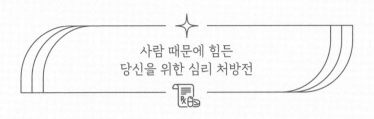

자존감이 낮은 것 같아 괴롭다면 다음을 꼭 기억하세요.

1. 자존감은 조건이나 스펙에서 나오는 게 아니에요.

2. 자존심이 아닌 자존감을 키우려면 연약하고 볼품없는 내 모습을 그

   대로 안아주세요.

3. "넌 이미 충분히 귀하다"라고 내 안의 아이에게 말해주세요.

4. 내 안의 잔소리꾼의 말에 귀 기울이지 마세요.

나란 사람은 어쩌면 생각보다 훨씬 멋진 사람일지 몰라요.

내면화된 목소리가 아니라 진짜 내 목소리를 들어보세요.

21

있는 그대로의 나를
이해하고 용서한다는 것

요즘 청년층에서 50대까지 직장 생활을 하지 않으면서 부모 밑에서 지내는 사람이 많다고 하죠. 일명 '캥거루족'이요. 점점 더 늘어가고 있어요. 어떤 시사 프로그램에서 요즘 청년들에게 "초등학생 때 옷 누가 골라줬어요?"라고 물으니 "엄마가요" 라고들 대답하는 장면을 본 적이 있어요. 유아 때는 엄마가 골라주기도 하는데 초등학생이 되면 슬슬 자기가 스스로 옷을 골라 입어야 하잖아요. 그런데 자녀도 엄마도 그 변화를 겪지 않고 설 나이만 든 거예요.

지금의 기성세대는 아주 강하게 살았어요. 굶어가며 살다가 급격한 경제성장을 경험해서 생활력이 아주 강하고 정신력도 강해요. 그에 비해 내 자녀는 너무 연약해 보여요. 계속 애기로 보여요. 그래서 강인한 부모의 생각을 계속 주입하고 교육하는 경우가 많고, 옷 하나를 고르는 것도 엄마가 해줘야 하는 일이라고 모두가 당연하게 생각했던 것 같아요.

아직도 부모에게서
독립하지 못했나요?

대학교에 학사 문제나 장학금 관련 문의는 의외로 부모가
하는 경우가 많아요. 어떤 대학은 '내 학교 문제는 엄마가 아
닌 내가 처리해야 한다'고 게시판에 써놓기까지 했더라고요.
생각보다 많은 부모가 아르바이트를 반대하고, 친구끼리의 여
행을 반대하고, 독립된 자취 생활이나 경제활동을 반대합니
다. 자녀도 그걸 익숙하고 편안해하고요. 캥거루처럼요. 내가
선택하고 책임지는 것보다 엄마 아빠가 시키는 대로 하고 내
가 책임지지 않는 게 편한 거예요.

그 대신 사회생활에 대한 막연한 두려움이 커요. 내가 성취
해 본 경험이 적은 사람은 자존감이 낮고 두려움이 큰 법이에

요. 그리고 자아가 없어요. 내 뜻은 없어요. 정해준 대로 살아요. 그런데 막상 사회에 나가면 내가 대인 관계를 맺고, 내가 직장 생활을 하는 거잖아요. 내 부모가 대신 친구 사귀어주고 대신 연애해 주고 대신 직장 업무를 봐줄 순 없어요. '나'가 바로 서 있지 않으면 사회생활을 안정적으로 할 수가 없어요. 주체가 없는데 어떻게 객체가 있겠어요. 주체를 찾아야 객체를 바로 만날 수 있어요. 즉, 나를 찾고 나로 살아야 타인을 만나 정상적인 관계를 맺고, 직업 생활을 영위하고, 자녀를 양육하고, 어떤 갈등과 문제를 만났을 때 대처하며 해결할 수 있어요.

주체는 쏙 빠져버리고 껍데기만 갈고 닦으면 그게 얼마나 갈까요? 그 밀려오는 허무함을 어떻게 감당할까요? 그러니 우리 청춘들이 방에 숨어버렸잖아요. 집 밖으로 나오지 않잖아요. 나와서도 자꾸 연기하잖아요. 진짜 내 모습으로는 못 살겠으니까 잘 사는 척, 다 가진 척 하면서 행여나 약점이 들킬까 불안해하며, 남이 나를 어떻게 평가할까 긴장하면서 실컷 기가 빨리는 관계를 맺고 집에 돌아와 녹초가 되잖아요.

내가 타고 있는 이 배의 뱃사공은 나예요. 사공은 딱 한 명이에요, 그 사공이 내 부모가 될 수 있어요? 내 지인이 될 수 있어요? 누가 우리에게 어떤 사람이 되도록 강요하더라도 나는 나를 지키세요. 나는 그냥 나대로 사는 사람이지 누구를 만족시키는 존재가 아니에요.

나의 관계는
내가 맺어가는 거예요

대인 관계는 '나'와 '너'의 만남이라는 걸 잊지 마세요. '나', '주체', '자아'가 없이 구축되는 관계는 없어요. 사람들은 인간관계도 노력해야 된다고들 하잖아요. 저는 그렇게 생각하지 않아요. 인간관계는 자연스럽게 너와 내가 만나서 연결되는 거지 애써 노력해서 끼워 맞추는 퍼즐이 아니에요. 사람과 사람이 자연스럽게 연결되려면 양쪽 다 온전히 사람, 즉 자기 자신으로서 살아야 해요. 서로 다른 사람이 만나 관계를 맺으면서 좋기만 하지는 않겠죠. 갈등도 있어요. 그러나 자아가 건강하면 갈등을 두려워하지 않고 위기를 기회로 바꿔 더 단단한 관계를 구축하게 될 거예요.

관계를 맺는 주체인 '나'를 만나세요. 그러려면 나를 꾸짖고 부정하고 외면하는 게 아니라 수용해야 합니다. 내가 기를 펴고 살아날 수 있게 들어주고 이해해 주고 용서해 주면서 말이죠. 자존감은 나를 느끼는 느낌이에요. 내가 지금도 충분한 느낌, 채워져 있는 느낌이요. 그런데 그 느낌이 언제나 올라와 있지는 않아요. 아무리 건강해도 어느 날은 내려가요. 그것 또한 받아들여야 해요. 대단한 성인군자도 자존감은 오르락내리락해요. 내가 조금이라도 흠집 나고 무너지는 것에 호들갑 떨지 말고 그런대로 지나가겠거니 받아들이면 그게 진짜 자존감인 겁니다.

나를 믿고
생긴 대로 살아봐요

내가 나를 너무 높게 잡고, 이상적인 사람이 되려고 하면 한없이 위축되고 소외돼요. 적당히 살아요, 우리. 그냥 생긴 대로, 타고난 대로, 주어진 대로, 내가 타고 있는 이 배에서 물결 따라 노 저으면서 그런 대로 살아요. 대단해지려고 하면, 남보다 꼭 잘되려고 하면 결국 희생되는 건 나 자신이에요. 나를 위해서 애쓴 것 같은데 안타깝게도 나를 잃어가는 거죠. 오직 타인의 눈에 들기 위한, 사회에서 인정받기 위한 경주는 이미 주체가 내가 아니라 타인인 거예요. 나의 삶을 사세요. 내가 진정한 주체가 될 때 대인 관계는 애써 노력하지 않아도 자연스럽게 객체를 만나 연결됩니다.

여러분 자신을 믿으세요. 다 같이 미쳐가는 이 험난한 세상에서 지금까지 잘 버텨온 여러분 자신을 믿고 이제 제대로 '나'를 만나세요. 그러면 비로소 편안하게 '너'를 만나게 되고 그렇게 아름다운 '우리'가 될 거예요.

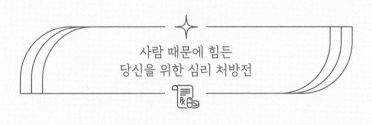

나와 잘 지내고 싶다면 다음을 꼭 기억하세요.

1. 기성세대의 눈에는 우리가 너무 연약해 보일 수 있어요.

2. 그렇다고 계속 엄마 아빠가 시키는 대로, 정해준 대로만 살아갈 건
   가요?

3. '나'가 바로 서 있지 않으면 사회생활을 안정적으로 할 수가 없어요.

4. 적당히 사세요. 생긴 대로, 타고난 대로, 주어진 대로.

나는 나대로 사는 사람이지 누구를 만족시키는 존재가 아
니에요.

여러분 자신을 믿으세요. 그러면 비로소 편안하고 아름다
운 '우리'를 만날 수 있어요.

감정은 상처가 아니다

초판 1쇄 발행 2024년 6월 3일

지은이 웃따

발행인 이봉주 **단행본사업본부장** 신동해
편집장 조한나 **책임편집** 김동화
교정·교열 김정현 **디자인** 데시그 **일러스트** 모리
마케팅 최혜진 백미숙 **홍보** 송임선
제작 정석훈

브랜드 웅진지식하우스
주소 경기도 파주시 회동길 20
문의전화 031-956-7355(편집) 031-956-7129(마케팅)

홈페이지 www.wjbooks.co.kr
인스타그램 www.instagram.com/woongjin_readers
페이스북 www.facebook.com/woongjinreaders
블로그 blog.naver.com/wj_booking

발행처 (주)웅진씽크빅
출판신고 1980년 3월 29일 제406-2007-000046호